El ARTE
de la
EVANGELIZACIÓN

La evangelización ajustada
a la vida de
la iglesia local

Agradecimientos

No hubiese sido posible escribir este libro sin la ayuda y el ánimo de un sinnúmero de personas. Me gustaría reconocer aquí mi deuda con el Obispo Ernest Dixon y los miembros de la Southwest Texas Conference. Me dieron una oportunidad incomparable de desarrollar este material en conversación con ellos. Su dedicación a la renovación de la Iglesia ha sido una fuente de gran inspiración.

Quiero agradecer especialmente al Dr. Claus Rohlfs y sus colegas del Council for Church Revitalization su apoyo. Más que nadie, el Dr. Rohlfs me ha apoyado en el curso de mis esfuerzos por completar este material.

También quiero dar las gracias a mi esposa, Muriel, y a mis tres hijos, Timothy, Siobhan y Shaun, por su constante amor y ayuda.

> Toda la gratitud sea dada a Dios,
> Quien esparce alrededor,
> En todo lugar,
> Por el menor de Sus siervos,
> Su salvador de gracia.
> Quien dio la victoria,
> A Él sea la gloria
> Por la obra que ha hecho:
> ¡Todo honor y gloria sólo a Jesús!
>
> Su Espíritu vivifica
> Su obra en nuestras vidas.
> Sus maravillas de gracia,
> Tan poderosamente manifestadas en los primeros días.
> Oh, que todos sepan
> Sus señales aquí abajo,
> A Nuestro Salvador confiesen,
> Y abracen las buenas nuevas
> de perdón y paz.
>
> Salvador de todos,
> Con afecto llama
> A los pecadores perdidos;
> ¡Y deja que una nación nazca en un día!
> Entonces, que se extienda
> Tu conocimiento y temor,
> Hasta que la tierra rebose,
> Y el universo se llene con la gloria de Dios.

William J. Abraham, D. Phil.

El ARTE
de la
EVANGELIZACIÓN

La evangelización ajustada
a la vida de
la iglesia local

SEUT

EDITORIAL CLIE
CLIE, E.R. n.º 2.910 SE-A
C/ Ferrocarril, 8
08232 VILADECAVALLS (Barcelona) ESPAÑA
E-mail: libros@clie.es
Internet: http:// www.clie.es

EL ARTE DE LA EVANGELIZACIÓN
La evangelización ajustada a la vida de la iglesia local

Traductor: Lydia Saunders

ISBN: 978-84-8267-116-1

Clasifíquese:
520 EVANGELIZACIÓN:
Métodos y técnicas
C.T.C. 02-07-0520-13
Referencia: 22.42.58

Índice

Índice

Colección SEMINARIO

El Seminario Evangélico Unido de Teología (SEUT) es un centro de formación teológica y espiritual, con sede en El Escorial (Madrid, España). Su visión es servir a la Iglesia en todo el mundo de habla hispana, fundamentando su ministerio sobre dos pilares:

(1) Solidez académica de los programas impartidos.
(2) Calidad pedagógica que integre lo académico con lo práctico y lo espiritual.

La Colección que presentamos está constituida por títulos empleados como libros de texto del programa académico. Éste nació de un acuerdo con OTC (*The Open Theological College, University of Gloucestershire,* Reino Unido), si bien hoy día SEUT está creando material propio. Por ello, también se incluirán títulos de sus propios profesores.

Los títulos de esta colección se agrupan en cuatro áreas que reflejan de alguna manera los pilares fundamentales del programa académico. Se trata de las siguientes:

(1) Biblia
(2) Dogmática e Historia de la Iglesia
(3) Ministerio y Misión
(4) Pastoral

En SEUT creemos que la erudición no está reñida con la sencillez, y que más importante que abrumar al lector o estudiante con datos es la comprensión básica de los contenidos. Eso sí, esperamos que nuestros títulos suscite en los lectores y lectoras una seria reflexión sobre el contenido de los mismos. Esto no significa que SEUT asuma como propias todas las opiniones de los libros de la *Colección*, ya que su propósito no es presentar una teología monocolor, como tampoco lo es su propio currículum académico. De hecho, los autores presentes en la *Colección* representan a diversas tradiciones cristianas y a diversos planteamientos personales, por lo que el lector observará que sus afirmaciones se mantienen siempre en un marco de profundo respeto por el resto de tradiciones teológicas. Es más, en opinión de nuestro equipo de profesores, y por tanto de la *Colección*, la riqueza de tradiciones cristianas obliga a todo seguidor de Cristo a un mayor discernimiento que finalmente se traduce en su propio enriquecimiento espiritual.

Como habrá notado cualquier lector avezado, estamos convencidos de la calidad de la *Colección* que presentamos. Sólo esperamos que nuestro convencimiento se vea correspondido con una buena acogida del público de habla hispana al que va dirigida. Por lo demás, nada vale algo si no redunda en una mayor gloria de Dios.

Pedro Zamora
director de SEUT

SEUT – Fundación Federico Fliedner
Alfonso XII, 9
E-28280, El Escorial (Madrid)
seut@centroseut.org
www.centroseut.org

Pastoral

Michael Jacobs, **Esa voz interior**
Tratado sobre los varios enfoques que un consejero pastoral puede emplear.

Michael Jacobs, **Presto a escuchar**
En consejería, saber escuchar es tan importante como saber responder.

Ekkehard Heise, **Manual de homilética narrativa**
Tratado sobre la homilética narrativa, acompañada de relatos ejemplares.

Prefacio

William (Billy) Abraham es irlandés y ministro Metodista. Es un académico, un teólogo/filósofo con una pasión por la evangelización. Es profesor de evangelización y profesor de filosofía de la religión en Perkins School of Theology *en Dallas, Texas. Su libro anterior,* The Logic of Evangelism, *fue un bestseller inspirador para muchos. Este nuevo libro encuentra formas en las que los principios de evangelización pueden ser puestos en práctica. Está ideado para la lectura individual o en grupo, y contiene cuestiones para debate. El objetivo es el de ayudar a aquellos que lo utilicen a desarrollar una profunda visión sobre lo que es la evangelización, a responsabilizarse totalmente, y encontrar formas concretas para expresar su visión de la evangelización. No es un programa detallado de evangelización, pero proporciona una base sólida sobre la cual se puede construir una estrategia evangelística.*

Abraham busca fijar la posición adoptada por John Wesley, y luego demostrar que la Iglesia Metodista está asombrosamente bien equipada para la evangelización efectiva. El autor repasa varios modelos de evangelización, recomendando en particular el de la iniciación en el Reino de Dios. Trata con la cuestión del contenido del Evangelio, y de cómo tanto personas ordenadas en el ministerio, como laicos tienen su papel a la hora de compartir las buenas nuevas. Pero también trata la importancia del bautismo y la moralidad en relación con la conversión y expone serias preguntas sobre la creencia básica, los dones espirituales y las disciplinas espirituales.

Este no es un ejercicio sobre evangelización fácil. Provocará en la gente una reflexión profunda, y también señalará hacia la actividad útil. Los apéndices incluyen un taller sobre cómo compartir la fe, y algunas pautas sobre cómo llevar a una persona a la fe en Cristo, un esquema para enseñar a nuevos convertidos en la fe, y una sección final de varias sugerencias para ayudarnos en nuestro camino.

Es una buena lectura directa sobre un tema de interés vital, escrita con un trasfondo de erudición y un primer plano de profunda pasión sobre como comunicar el evangelio a otros. Lo recomiendo muy cordialmente.

DONALD ENGLISH

Prólogo

EVANGELIZAR CON INTEGRIDAD

El material presentado en este libro representa un primer intento de suministrar a las iglesias locales una guía de estudio que les ayudará a desarrollar un enfoque coherente y responsable de la evangelización.

Doy por hecho que esta es una necesidad apremiante en la Iglesia Metodista. Durante demasiado tiempo hemos dejado la evangelización como una actividad periférica, relegada a los bordes del ministerio de la iglesia. Aunque en el escenario actual existe mucho sobre evangelización que merece nuestro apoyo y aplauso, todos somos conscientes de que muchos de aquellos que están a la vista del público y se identifican con la causa de la evangelización han hecho mucho por desacreditarla. Es comprensible que muchos quieran pasar de largo y dejar la evangelización a aquellos pocos buenos Samaritanos que se atrevan a recogerla y atenderla.

EL DESAFÍO DE LA EVANGELIZACIÓN

Es mi opinión que las denominaciones históricas deberían responder a los problemas actuales de la evangelización, no apartándose de ella sino redimiéndola y después restaurándola a una posición de honor dentro del ministerio completo de la iglesia. Pienso que las posibilidades para esto dentro de la tradición Metodista son extremadamente buenas. Como sugiero en el primer capítulo, los Metodistas tienen una sección de recursos sorprendentemente rica para desplegar en la revitalización de este ministerio tan crucial.

La renovación que se necesita en esta área no ocurrirá, sin embargo, por casualidad ni por accidente. Necesitará de empeño paciente y autocrítica reflexiva durante una generación completa. Si queremos ver un progreso substancial, debemos estar listos para tomar una visión a largo plazo de nuestros esfuerzos. Aquellos que quieren una solución rápida y fácil están destinados a experimentar dolor y desilusión. Debemos estar preparados para la clase de renovación fundamental que requerirá de nosotros sudor, lágrimas y oración persistente. Nos demandará no sólo creatividad e innovación de naturaleza práctica, sino también una revolución teológica en nuestra forma de pensar.

INTEGRACIÓN DE CONOCIMIENTO Y PIEDAD VITAL

El material aquí desarrollado es el producto de muchos años de lucha con el desafío de la evangelización tanto como pastor como erudito. No estoy interesado en la especulación poco práctica sobre la evangelización. Ni estoy satisfecho entrando en profundidades y sólo esperar lo mejor. Me interesa mucho explorar las demandas de la evangelización de una forma rigurosa e intelectual, pero desde dentro del ministerio práctico de la iglesia. Por tanto lo que se proporciona aquí es el fruto de mi trabajo como pastor y como profesor. En todo ello quiero cumplir la plegaría de Wesley de unir el conocimiento y la piedad vital.

El estilo es sencillo y directo. He excluido todos los adornos que van con la escritura académica convencional. Para aquellos que quieran un relato más desarrollado y erudito de lo aquí presentado, pueden consultar mi libro *The Logic of Evangelism* (Grand Rapids: Eerdmans, 1989). Allí encontrarán las fuentes y argumentos que proporcionan las justificaciones para las proposiciones aquí expuestas. En este volumen presento mis proposiciones básicas de una forma popular y accesible.

CÓMO UTILIZAR ESTE LIBRO

La forma ideal de utilizar este libro es de leerlo en células caseras o en series especiales de clases dedicadas a la evangelización. Puede también ser utilizado en retiros donde los comités de evangelización tienen suficiente tiempo para pasar unos días juntos. Como mínimo, cada capítulo necesitará de una sesión si se quiere cubrir todo el material. De hecho hay suficiente material en cada capítulo para durar, al menos, dos sesiones, pero siento que hay mérito en avanzar más rápidamente por la totalidad del proyecto. Mi principal deseo es que aquellos que utilicen este material hagan tres cosas:

1. Que desarrollen una visión profunda de lo que la evangelización debería ser en su situación local.
2. Que tomen para sí esta visión completa y totalmente, responsabilizándose de su contenido y realización.
3. Que encuentren modos concretos de expresar su visión sobre la evangelización en formas prácticas de ministerio en su situación local.

Para este fin es vital que todos aquellos involucrados en la utilización de este libro, especialmente aquellos que se convertirán en líderes tras su uso, se tomen el tiempo y el trabajo de pensar detenida y profundamente sobre lo que se discute y se sugiere. Esto incluirá no sólo una lectura detenida del texto y alguna reflexión de su contenido sino también una cantidad considerable de meditación y lectura fuera de los límites de este libro, algunas de las lecturas mencionadas al final de cada capítulo. Al final de cada capítulo también he proporcionado una lista de preguntas que naturalmente surgen de lo que he sugerido anteriormente. La última pregunta al final de cada capítulo es extremadamente importante. Los grupos no deben pasar al siguiente capítulo hasta que haya sido tratada y la respuesta exacta anotada.

EVANGELIZACIÓN Y REVITALIZACIÓN

Es mi deseo que este libro pueda, por la gracia de Dios, jugar un pequeño papel en la renovación más amplia de la iglesia que actualmente esta teniendo lugar entre nosotros. Estoy entusiasmado por las señales de una vida nueva que encuentro una y otra vez dentro de la Iglesia Metodista y en otros lugares dentro del cristianismo. No es ingenuo el esperar ver un despertar religioso mayor que capacite al pueblo de Dios para servir a Cristo en su obra en el mundo. Esto no puede ocurrir sin la incesante presencia del Espíritu Santo. Pero podemos aún atrevernos a esperar que el Espíritu Santo utilice nuestros esfuerzos consagrados para conseguir los propósitos de Dios para con su pueblo.

Fíjate de nuevo en que mi principal interés es el desarrollo de una visión adecuada de evangelización para el futuro. Aquí no resumo un programa detallado de evangelización. Sugerencias relevantes se harán sobre la marcha, primordialmente busco ayudar a las congregaciones locales a pensar detenidamente en su propio enfoque de la evangelización y entonces animarlos a poner en funcionamiento una multiplicidad de talleres, seminarios, retiros, sesiones de Escuela Dominical, y similares, que integrados formarán un ministerio de evangelización vital en línea con sus propias necesidades.

Hay dos supuestos tras este enfoque de evangelización. Primero, los Metodistas son personas a las que les gusta pensar y dejar pensar. Acertadamente quieren espacio intelectual y espiritual para pensar las cosas por ellos mismos. Dentro de este horizonte necesitan los medios para llegar a un acuerdo en las cuestiones fundamentales que les preocupan sobre la evangelización. Hasta que suministremos esto, no llegaremos muy lejos a la hora establecer un ministerio de evangelización responsable que podamos abrazar y mantener a través de los años. En segundo lugar, el desarrollo de un ministerio de evangelización adecuado necesita en parte ser dejado para aquellos que sobre el terreno realizarán tal programa. Estoy convencido de que, si este material es utilizado correctamente, llevará a formas de ministerio evangelístico que resistirán el paso del tiempo. Inicialmente necesitamos poner en orden nuestros principios fundamentales y ser animados a ponerlos en práctica. Esta es la meta principal de este libro.

Capítulo 1

LA IGLESIA METODISTA
Y EL FUTURO DE
LA EVANGELIZACIÓN

EL FUTURO DE LA IGLESIA METODISTA

La Iglesia Metodista puede desempeñar un papel estratégico en la evangelización durante la próxima generación.

Muchos metodistas encuentran esto difícil de creer; quizás, algunos de ellos, ni siquiera quieren creerlo. Pero estoy convencido de que es cierto. La evidencia de esto deriva de diversas fuentes. En lo que sigue quiero mostrar esa evidencia lo más concisamente posible.

Al comenzar esta tarea es crucial el reconocer desde el principio que la evangelización depende primera y primordialmente de la obra del Espíritu Santo. Este es el terreno más seguro para el optimismo acerca del futuro de la evangelización en el metodismo y en cualquier lugar. Nuestra meditación debe comenzar en este punto.

JUAN WESLEY Y LA OBRA DEL ESPÍRITU SANTO

El mismo Wesley y sus colaboradores reconocían muy bien este hecho. Para su sorpresa, se encontraron a sí mismos formando parte de un movimiento que surgió cuando el Espíritu Santo invadió e inundó sus vidas. Algunas veces el Espíritu vino como un potente viento y, literalmente, arrebató a la gente. Otras veces el Espíritu vino como delicado rocío; la gente se despertaba por la mañana y sabía que Dios había estado con ellos y los había cambiado. Otras veces el Espíritu era como un fuego que les quemaba por dentro al oír las buenas nuevas del Evangelio. Francis Asbury, uno de los pioneros del Metodismo en E.E.U.U., describe esto de forma gráfica cuando habla de tener un tiempo de (ternura) derretimiento con la gente en presencia del Señor; éste era su modo de reconocer la dependencia radical del Espíritu Santo en la tarea evangelizadora a la cual había sido llamado. Podemos también añadir que los irlandeses que comenzaron el metodismo en América del Norte, ya sabían por propia experiencia en su tierra que sin el Espíritu su obra era totalmente en vano.

Lo que sorprende de Juan Wesley es su enfoque de todo el tema de la obra del Espíritu en la evangelización. Esto se comprende mejor cuando comparamos a Wesley con Jonathan Edwards y con Charles Finney. Edwards fue contemporáneo de Wesley y presenció precisamente la misma clase de fenómeno en el Gran Avivamiento que presenció Wesley. Ciertamente Wesley leyó a Edwards muy cuidadosamente y recomendó sus obras a otros con entusiasmo. Esto fue extremadamente sabio, ya que Edwards es uno de los mejores comentaristas sobre la renovación que la iglesia ha visto.

Lo que emerge en el análisis de Edwards sobre la obra de Dios es una sensación magnífica de temor reverente y admiración ante la presencia del Señor soberano, majestuoso en esplendor y belleza. Los intereses de Edwards son múltiples pero está especialmente interesado en separar el oro de la paja. Por esta razón, se pone mucho interés en determinar cómo uno debe distinguir entre lo que es verdaderamente la obra del Espíritu y lo que es un fraude. En su época, como en nuestros días, había muchos inadaptados que podían llevar fácilmente por mal camino a aquellos nuevos cristianos que deseaban encontrar una fe auténtica. Por ello, Edwards se puso a comprender, enseñar, defender, y aconsejar. Al leer a Edwards uno capta un profundo calvinismo en el trasfondo. La obra de Dios es, después de todo, la obra de Dios. Es cuestión de un decreto eterno de Dios el que Dios derrame su Espíritu aquí en lugar de allí, en este momento y no en aquel momento. Incluso hasta hoy día aquellos que escriben dentro la tradición calvinista sostienen que los avivamientos en la Iglesia son un asunto de decreto divino. Dios se mueve y las cosas son transformadas durante un tiempo; después todo vuelve a ser como de costumbre. La obra de Dios en la conversión y en las temporadas de avivamiento es milagrosa. Es completamente un asunto de acción y elección divinas; aunque Dios obrará por medio de instrumentos humanos libres cuando decida moverse.

Charles Finney puso todo esto patas arriba. Casi un siglo después del ministerio de Edwards, abrió camino a través del este y del medio oeste de los Estados de Norte América dejando miles de conversos comprometidos con el cristianismo. Aún hoy, es una leyenda para miles de personas que siguen su ejemplo en el enfoque de la evangelización. Su enfoque de evangelización era práctico y humano. Por supuesto, creía que la obra del Espíritu Santo era esencial. Así que iba acompañado del hermano Nash que no hacía nada mas que orar por el ministerio de Finney; y hacia el final de su vida Finney reconoció que había fallado al no dar suficiente importancia a la obra del Espíritu en sus esfuerzos. Pero, en general, Finney tomó una perspectiva muy distinta a la de Edwards. Insistió en que los despertares o avivamientos eran fundamentalmente los efectos de la actividad humana. Su analogía favorita se extrae de la vida de un granjero: preparas la tierra, plantas la semilla, abres las mangueras, y entonces recoges los resultados. Igualmente ocurre con la cosecha de almas. Oras, preparas las reuniones pertinentes, enseñas y predicas la verdad como un abogado frente al jurado, haces un llamamiento, instruyes a los conversos adecuadamente, y obtienes como resultado un avivamiento. Los avivamientos no son milagros, son los efectos predecibles de ciertas medidas que la iglesia pone en práctica en la cosecha de almas.

Wesley se mantiene en el punto central entre dos polos. Su cabeza está más con Edwards que con Finney; pero sus manos y sus pies están más con Finney que con Edwards.

Es un teólogo demasiado bueno para aceptar la clase de humanismo basto que está constantemente acechando a la teología de Finney. Esta clase de humanismo es la dominante en el fundamentalismo moderno, aunque generalmente sus defensores carecen de discernimiento espiritual para verlo. Wesley conocía muy bien las profundidades de la maldad y corrupción humanas, y su teología de la gracia no le permitió, ni por un instante, aflojar la primacía de la obra del Espíritu en toda evangelización auténtica. Pero también sabía que el Espíritu obra a través de ciertos medios que Dios ha ordenado. Por ello, no tenía tiempo para aquellos que optaban por una religión pasiva, que sólo esperaban ociosos, como un calvinista cansado, a que Dios enviase un fuerte viento del Espíritu. Halló esto muy pronto en su ministerio al encontrarse con los moravos y se enfrentó a ello enérgicamente. Insistió en que el pueblo de Dios debiera sentarse en una conferencia, conversar inteligentemente sobre la obra de Dios, y entonces, inspirados y guiados por el Espíritu Santo, deberían poner por práctica aquellas costumbres y tradiciones que mejor sirvieran al Espíritu Santo en la renovación de la creación. Esto significaba que él era un asiduo organizador, predicador, maestro, crítico, escritor de cartas, controversista, motivador, y teólogo. La imagen obvia para iluminar esta idea es aquella de un barco de vela grande lanzado al océano. No sirve para nada amarrado en el muelle, siendo siempre equipado. Además, cuando el barco es sacado del puerto no puede moverse sin los vientos. Por tanto hay que izar las velas para que reciban toda la fuerza del viento. Y no basta con desplegar las velas de cualquier manera; hay que situarlas con destreza si se quiere que sean utilizadas con la máxima eficacia. Igualmente en la obra de la evangelización. La Iglesia ha de ser aparejada con diverso equipo, especialmente con el evangelio de Jesucristo. Sólo entonces, la Iglesia, puede aventurarse hacia alta mar. Es necesario largar las velas con propósito y con cuidado. Con éstas en su lugar, podemos confiar en el viento del Espíritu para que sople sobre ella y anime su vida con gracia, dirección y amor.

Parte del genio de Wesley como evangelista fue su habilidad para ejercer la clase de equilibrio que les falta a Edwards y a Finney. Por un lado confiaba completa e implícitamente en el Espíritu Santo. Por otro lado buscaba inexorablemente aquellos medios que serían de valor para Dios en la salvación del mundo. Esta es, ciertamente, una razón del porqué dirigió un tipo de gira de estudio de los asentamientos moravos en Alemania. Quería estar en contacto cercano con aquellos que estaban involucrados en algo importante en la obra de Dios. De mayor importancia es, que esperaba que el Espíritu Santo bendijese aquellos medios que habían sido puestos a su disposición en oración, con humildad y fe. Esto fue precisamente lo que ocurrió. Sus efectos, a doscientos cincuenta años vista, aún son sorprendentes para aquellos que se preocupan por examinarlos con simpatía.

EL PESIMISMO ES IMPOSIBLE

Sólo por esta razón, uno no puede ser finalmente pesimista sobre el futuro de la evangelización. Es una obra que depende crucialmente de la obra del Espíritu Santo y cualquiera que se pare a reflexionar sobre lo que esto significa no puede volcarlo argumentando que nuestra situación presente es demasiado sombría o que nuestros recursos son inadecuados. Esto es exactamente lo que se podía haber dicho de la iglesia primitiva en Jerusalén. Es exactamente lo que muchos pensaron y sintieron sobre los metodistas primitivos. La fe, no obstante, por medio de los ojos de la revelación divina ve la situación de modo totalmente distinto ya que la fe conoce que la obra de evangelización es finalmente la obra de Dios, y Dios sencillamente no abandona sus propósitos de salvar y renovar la creación.

Por supuesto que uno puede preguntarse, legítimamente, si la Iglesia Metodista será utilizada por Dios en la obra de evangelización. Quizás Dios, habiéndola levantado, entrará en juicio con ella para que desaparezca de la superficie de la tierra. Es más, uno puede legítimamente preguntar si la Iglesia Metodista está en un estado apto para ser de mucha ayuda a Dios en la evangelización. Quizás, en el metodismo, hay demasiado orgullo y corrupción para ser de utilidad a Dios en la próxima generación. Además, uno puede legítimamente preguntar si los futuros líderes y miembros de la Iglesia Metodista estarán genuinamente abiertos al Espíritu Santo en la tarea evangelizadora. Quizás la totalidad de la membresía de la iglesia caiga en una vil apostasía rechazando la presencia de Dios en medio de ellos.

Estas no son disquisiciones vanas. Hay momentos en los que el más cándido de los observadores deberá admitir que es cuestionable si la Iglesia Metodista está realmente en un estado apto para ser utilizada por Dios y si existe realmente una sensibilidad genuina hacia el Dios vivo en la iglesia. Pero hay dos cosas que son ciertas: Dios está comprometido con el cometido de extender su amor y gobernar a través y por medio de la creación y, Dios bien puede usar toda clase de instituciones en este proceso. Incluso si la cosas están tan sombrías como algunos piensan, siempre hay posibilidad de renovación. Después de todo, el Metodismo mismo comenzó como un movimiento de renovación y, aunque final y trágicamente se separó de su parentesco institucional, no hay certeza de que la historia tenga que repetirse necesariamente.

Por lo que deliberadamente dejo a un lado las predicciones directas sobre el futuro. No sé si la Iglesia Metodista cumplirá las predicciones que sus fieles y sus críticos han hecho sobre ella. No tengo ninguna bola de cristal que me diga que despertará y llegará a ser el gigante que podría ser en los propósitos de Dios o que está destinada a deslizarse hacia el olvido. Estas cosas están enteramente en las manos de Dios.

Lo que encuentro interesante y que merece ser señalado es que la Iglesia Metodista tiene recursos sorprendentes que, si son genuinamente puestos a disposición del Espíritu Santo, podrían mostrar tener un fruto extraordinario en la evangelización. Es más, estoy preocupado por convencer al pueblo Metodista y a sus líderes de que éste es realmente el caso. Mis reclamaciones no son de tipo retórico lastimero con el propósito de mantener nuestro ánimo durante una generación más; tienen la intención de un análisis directo y realista de como están las cosas en realidad.

Aun así, aventuraré no una predicción sino una profecía. Aquellas partes de la Iglesia Metodista que recuperen el evangelio del reino de Dios, presten atención al llamamiento del Espíritu

Santo, y sigan las sugerencias que siguen, no deben temer por su supervivencia en el futuro. Aquellas partes que no lo hagan y simplemente continúen como de costumbre tienen un futuro precario en su horizonte.

LOS RECURSOS DE LA IGLESIA METODISTA

Ahora podemos examinar los recursos que la Iglesia Metodista tiene a su disposición en el campo de evangelización. Mi tesis central es que la Iglesia Metodista está en un lugar excepcional para ser una fuerza vital en la evangelización de años venideros. ¿Cuáles son los recursos que pueden estar a disposición de Dios en los años venideros? La siguiente lista recoge los elementos más importantes que están implicados.

1. La Iglesia Metodista tiene un sorprendente número de iglesias esparcidas virtualmente por cada distrito del país. La implantación física disponible es totalmente sorprendente.

2. El sistema de conexión de la Iglesia Metodista permite que el fuego de los dones y gracias de Dios fluyan naturalmente de una parte del cuerpo a otra.

3. La Iglesia Metodista tiene un cuerpo en constante crecimiento de laicos que están cansados del derrotismo, y que quieren ver a la iglesia como una fuerza a favor del evangelio por toda la tierra.

4. La Iglesia Metodista tiene un cuerpo de personas que anhelan un nivel más profundo de piedad y de realidad espiritual. En muchos lugares, hay un deseo real de crecer en la gracia, y una gran sed por conocer al Dios viviente.

5. La Iglesia Metodista tiene una extensa gama de ministros altamente educados que, si dejasen de reaccionar y saliesen por fe, quedarían maravillados y sorprendidos de lo que Dios podría hacer por medio de ellos. La gran mayoría de los ministros no son corruptos ni ignorantes;

están sinceramente deseosos de servir a Dios y a su pueblo; y tienen un enorme potencial como líderes y agentes en el reino de Dios.

6. La Iglesia Metodista tiene una red de facultades universitarias a través de toda la nación con fuertes tradiciones académicas que, por lo general, son competentes y exigentes en sus expectativas. Se les está instando a incorporar el estudio serio de la evangelización en su programa; hecho adecuadamente, esto podría tener un efecto profundo tanto en la teología como en la iglesia misma.

7. La Iglesia Metodista tiene múltiples iglesias individuales esparcidas por todo el territorio que son fuertes en el ministerio de la evangelización, y que son capaces de suministrar modelos e inspiración para un nuevo resurgir de actividad en esta área de la obra de la iglesia.

8. La Iglesia Metodista tiene una magnífica herencia teológica que una vez inspiró y sostuvo una era espléndida de evangelización responsable. Esa herencia es aún la teología oficial de la iglesia y ahora se ha rescatado de nuevo en la obra realizada en las comisiones sobre doctrina y en las labores eruditas de los escritos de Wesley.

9. La Iglesia Metodista tiene un historial espléndido de actividad evangelística que se conserva en los registros, a la espera de ser emulado. Las características de la evangelización realizadas por los Metodistas son ricas y exigentes.

    i. En el fondo los metodistas han buscado ensalzar a Jesucristo con el poder del Espíritu Santo y con compasión y misericordia.

    ii. Los metodistas han insistido en que la evangelización debe ser incorporada a la misión totalizadora que incluye un cuidado comprensivo de la gente. Por lo que se han entregado por completo al cuidado médico, la educación, programas de asistencia social, y similares.

iii. Los metodistas han insistido en que el evangelio sea dirigido a la persona en su totalidad: mente, emociones y voluntad.

iv. Los metodistas han insistido en que sus siervos en la evangelización rindan cuentas, y por ello, han incorporado a su sistema salvaguardias contra la corrupción financiera.

v. Los metodistas han rehusado constantemente ser sectarios. Han operado al unísono con otros donde pueden; han buscado manifestar el espíritu católico; han intentado ser amigos de todos y no tener enemistad con ninguno.

vi. Los metodistas han realizado su evangelización en forma de un pragmatismo sano que reconoce la necesidad tanto de la innovación como de una terapia de buen orden.

vii. Los metodistas han rehusado establecer que el crecimiento de la iglesia sea la esencia de la evangelización. Han procurado hacer discípulos completos de Jesucristo que se esfuerzan en proseguir adelante, hacia la total perfección. Los especialistas en el crecimiento de la iglesia tienen mucho que decir a los metodistas modernos, pero a cambio Wesley puede actuar como un correctivo sano para la tradición del crecimiento de la iglesia.

viii. Los metodistas han utilizado creativamente el sacramento de la eucaristía en la evangelización, viéndolo como una ordenanza de conversión al igual que un medio crucial de gracia sustentadora.

ix. Los metodistas han desarrollado una tradición en canciones e himnos que en algunos lugares es ahora la joya de la adoración de la iglesia; pero no han tenido miedo de salir y utilizar material que habla en el idioma de la gente de hoy.

x. Los metodistas han construido un sistema de compañerismo y grupos de comunidad, que felizmente se ha utilizado con gran éxito en muchas iglesias modernas. Ya hay en muchos sitios el deseo de volver a utilizar el tesoro perdido del pasado.

xi. Los metodistas han desarrollado un espléndido desprecio por muchas de las faltas que han enmarañado la evangelización en los últimos cien años y que han hecho de la evangelización una desgracia para el buen nombre de Jesucristo. Por ello han aborrecido el culto a la personalidad; han mantenido sus libros financieros abiertos; se han indignado por los intentos de manipular a la gente para que se convierta; y han desarrollado un vivo sentido de la complejidad de nuestros procesos personales que nos conducen desde el pecado hacia la libertad que poseen los hijos de Dios.

MIRANDO AL FUTURO

Al exponer esta lista, me doy perfecta cuenta de los problemas que enfrenta la Iglesia Metodista en el campo de la evangelización. Estoy enterado de la baja moral de muchos lugares y de la mentalidad de mantenimiento que ha atrapado a algunos sectores de la iglesia. Sé que el arte de la evangelización hay que aprenderlo de nuevo, que las buenas nuevas del evangelio se han relegado en algunos lugares a los bancos traseros de la iglesia, y que hay algunos que se han dejado llevar por importantes temas secundarios. Mi reivindicación es la que muchos de fuera han hecho: hay en la Iglesia Metodista una fuente tremenda de potencial. La Iglesia Metodista podría llegar a ser un magnífico agente para la expansión del reino de Dios por toda la tierra en la última parte de este tumultuoso siglo.

Si estoy en lo cierto, entonces, este es el momento de tener sueños y cultivar una visión fresca. Este no es un tiempo para ser cínico ni desanimarse, tampoco es el momento de mirar hacia atrás con nostalgia y lasitud. Es el momento de avanzar hacia el futuro, de arrepentirse y retornar, y solicitar que el poder del Espíritu Santo caiga sobre nosotros de nuevo.

La renovación en la evangelización no será fácil. El día se acaba y nuestro período de aprobación casi se termina. No podemos permitirnos otra generación sin actuar. La evangelización requerirá de nosotros un trabajo arduo en múltiples áreas. Tomarlo con la seriedad que se merece puede significar una revolución para muchos pastores; implicará una renovación intelectual y teológica por toda la iglesia; y significará una lucha espiritual que nos agitará hasta las bases y nos conducirá a mucha oración y ayuno.

¡Aun así Dios nos llama a actuar y a avanzar con compasión, fe, y esperanza!

Necesitamos volver a cantar con Carlos Wesley:

Toda gloria a Dios en el cielo,
¡Y la paz en la tierra sea restaurada!
O Jesús exaltado en lo alto,
¡Aparece nuestro omnipotente Señor!
El que, humilde, nació en Belén,
Te inclinaste para redimir a la raza perdida,
Una vez más a tus criaturas regresa,
Y reina en tu reino de gracia.

Cuando en nuestra carne apareciste.
Toda creación tu nacimiento reconoció;
Surgió el año aceptable,
Y el cielo fue abierto en la tierra;
Recibiendo a su Señor de las alturas,
El mundo se unió para bendecir,
Al dador de concordia y amor.
El príncipe y autor de la paz.

¡Ojalá pudieras revelarte de nuevo!
y en tu Espíritu otra vez descender,
Establecer en cada uno de los tuyos
Un reino que no tenga fin.
Sólo tu puedes bendecir,
Y hacer que las naciones felices obedezcan,

Y ordenar cesar la horrenda enemistad
Y someter toda la tierra a tu dominio.

Vuelve entonces a tus siervos de nuevo,
Quienes esperan conocer tu aparición;
Tu callado y pacífico reino
Con misericordia establece aquí;
Delante de ti huirá toda tristeza,
Y se acabarán el odio y el rencor
Y morirán toda malicia y envidia,
Y la discordia no nos afligirá más.

Preguntas

1. ¿Por qué ha fallado la Iglesia Metodista en años recientes en vivir a la altura de su potencial en el campo de la evangelización?

2. ¿En qué nivel colocarías la contribución de tu iglesia local a la evangelización de tu comunidad durante los últimos treinta años?

3. ¿Qué fortaleza tiene tu iglesia local en el campo de la evangelización al encarar el futuro?

4. Realiza un cuidadoso estudio de los patrones de crecimiento en tu iglesia local durante los últimos treinta años.

5. ¿Qué tiene Wesley que decirnos sobre nuestro compromiso en la evangelización como denominación?

6. A la luz de tu reflexión, ¿qué pasos concretos deberían ser tomados para iniciar el desarrollo del ministerio de evangelización responsable y comprensivo en tu iglesia?

Capítulo 2

OPCIONES DE EVANGELIZACIÓN

TRES MODELOS DE EVANGELIZACIÓN

Nuestro trabajo evangelístico está invariablemente relacionado con nuestras creencias básicas sobre lo que es, en esencia, la evangelización. Así que, nuestros esfuerzos, planes, y programas de evangelización se derivan del modo fundamental en que miramos la evangelización. Supongamos, por ejemplo, que tomamos la evangelización como la proclamación del evangelio. Si tomamos esta ruta, centraremos nuestros esfuerzos en llevar la palabra a tanta gente como podamos y lo más eficazmente posible. Supongamos, no obstante, que interpretamos la evangelización como crecimiento numérico de nuestra iglesia. Si tomamos esta ruta, pondremos nuestro esfuerzo en incrementar la membresía lo más rápidamente posible. Es muy importante, pues, que articulemos y examinemos nuestro enfoque básico hacia la evangelización al revisar las principales opciones que se han desarrollado en la mente de la iglesia a lo largo de las generaciones. Inicialmente, queremos identificar tres modos distintos de pensar sobre la evangelización que nos son familiares. También queremos evaluar estas maneras alternativas de ver la evangelización. ¿Hasta qué punto son fieles al evangelio? ¿Hacen justicia al modo en que los mejores evangelistas han actuado? ¿Son realmente adecuados para realizar el trabajo que se nos encarga en nuestro tiempo y generación?

Al proponernos examinar varias concepciones de la evangelización, merece la pena recordar que la palabra «evangelización» se perdió del vocabulario de la iglesia durante casi mil quinientos años. Wesley, por ejemplo, no se autodenominó un evangelista, y no le encontramos describiendo su actividad como «evangelización». Las varias biografías de Wesley que fueron escritas en el siglo diecinueve, no se refirieron a él como un evangelista sino, como un avivador. Incluso, a principios del siglo veinte, un evangelista es, a veces, definido como el escritor de uno de los *Evangelios*.

La historia que se esconde tras la pérdida y la recuperación de la palabra «evangelismo» es fascinante. Aún hoy día, mucha gente está descontenta con esta palabra: prefieren utilizar el término «evangelización» en su lugar. Lo importante no es tanto las palabras que debemos utilizar sino lo que realmente concebimos de esa obra o ministerio de la iglesia a la que generalmente se denomina «evangelismo».[1] Inicialmente la situación puede parecer muy confusa, pero cuando la observamos con más detenimiento es muy instructiva.

MODELO UNO:
LA EVANGELIZACION COMO TESTIMONIO

En esta posición el enfoque es inicialmente muy amplio. Cualquier cosa que la iglesia o un miembro de la iglesia hace para dar testimonio de la fe cristiana es vista como evangelización. Esto puede tomar multitud de formas. Puede significar compartir el evangelio verbalmente con un amigo, o contar a otros nuestra propia experiencia de Cristo. Puede significar ser amable con un vecino en tiempo de necesidad, o ayudar a la iglesia en el desarrollo de un programa para niños necesitados. Puede incluso

---

1. El uso de «evangelismo» en castellano, en círculos evangélicos, se debe a la influencia del inglés «evangelism». Hemos evitado ese anglicismo en la traducción, sustituyéndola por la palabra castellana «evangelización» *(N.T.)*

significar comprometerse en actos de justicia, intentando liberar al mundo de la opresión y maldad estructural. En tanto que lo que se haga sea hecho desde el compromiso con Jesucristo, es un acto de testimonio; y cada acto de testimonio, bajo este punto de vista, es una forma de evangelización.

Esto quiere decir que cada uno es realmente un evangelista, lo sepa o no. Después de todo, cada uno es testigo de un modo u otro. Puede que no sea un testigo entusiasta ni un buen testigo, pero sigue siendo un testigo. La tarea de la Iglesia en la evangelización es la de ser más intencional en el testificar. La Iglesia necesita mejorar su obra en el mundo y proclamar por medio de su vida y sus hechos lo que cree sobre Jesucristo y la salvación.

Existen puntos fuertes obvios en el presente enfoque de la evangelización.

1. Hace de la evangelización algo que debería ser natural para el cristiano en lugar de algo forzado y artificial. Si todos somos testigos, nos guste o no, la evangelización se convierte en parte de nuestras vidas como cristianos.

2. Llama a la Iglesia a la obediencia en el mundo. Si la evangelización está representada tanto por actos de misericordia y amor como por proclamación verbal del evangelio, entonces el llamamiento a evangelizar nos involucra claramente en el servicio activo hacia nuestro prójimo.

3. Nos obliga a ver que la evangelización presupone una vida de obediencia a Cristo; de otro modo, lo que digamos en el ministerio de la evangelización será vacío e hipócrita.

Hay muchos puntos débiles serios, no obstante, que no pueden ser ignoradas.

1. Exagera lo que puede ser comunicado por medio de actos de misericordia y amor solamente. Actos de amor y testimonio no pueden comunicar el contenido crucial de las buenas nuevas del evangelio que ha sido central en la evangelización durante siglos. Esto depende crucialmente de la transmisión de la tradición sobre el evangelio.

2. Este concepto de la evangelización se utiliza demasiado a menudo como excusa para la inactividad en el campo de la evangelización. Si todo lo que hacemos es un acto de testimonio, y cada acto de testimonio es una forma de evangelización, entonces todo lo que hacemos es evangelización. Esto invariablemente nos permite fingir que la Iglesia ha cumplido sus obligaciones evangelizadoras; cuando en realidad ha reducido la evangelización a nuestros actos de misericordia y amor. Ninguna iglesia habría sido fundada si los cristianos hubiesen enfocado la evangelización de este modo.

3. Este enfoque de evangelización depende en realidad de otro enfoque de evangelización. Se pone en marcha porque a veces decimos que las acciones hablan más que las palabras, o decimos que necesitamos proclamar el evangelio por medio de nuestras vidas tanto como por medio de nuestros labios. Realmente estamos utilizando el término «proclamación» en sentido metafórico para demostrar nuestro punto de vista, y por ello dependemos de otro concepto de evangelización muy distinto.

MODELO DOS:
LA EVANGELIZACIÓN COMO PROCLAMACIÓN

Esta es una de las concepciones más populares de evangelización, favorecida tanto por los especialistas como por los no expertos en la materia. Esto se deriva en parte del hecho de que los términos griegos de los que sacamos la palabra «evangelización», y similares significan literalmente «proclamar». Así que en muchos círculos cristianos contemporáneos un evangelista se entiende como alguien que proclama las buenas nuevas del evangelio. Cuando la mayoría de las personas piensa en un modelo de evangelista hoy en día, automáticamente piensa en alguien como Billy Graham. Durante años Graham ha proclamado el evangelio por todas las grandes metrópolis del mundo, y está claro que ve su papel como el de un orador o anunciador del evangelio. Además, cuando la gente habla de tele-evangelistas está pensando en el evangelista, esencialmente, como un proclamador. Ciertamente, muchos ven en la televisión el mayor medio jamás ideado como instrumento de evangelización y con ansia vierten millones de dólares en esta clase de ministerio. La televisión ha reemplazado al libro y a la radio como el medio más importante de comunicación oral por lo que es natural que muchos lo vean como el futuro de la evangelización. Claramente, si la evangelización se limita a la proclamación, entonces la televisión posee la clave para la futura obra de evangelización.

Existen claras ventajas en pensar en la evangelización en términos de proclamación.

1. Hace destacar lo crucial de compartir la historia de la acción de Dios en Cristo con aquellos que nunca la han oído o con aquellos que sólo han escuchado los fragmentos opresivos del mensaje cristiano.

2. Mantiene el ministerio de la evangelización dentro de proporciones manejables y por tanto fomenta el rendir cuentas en esta área. Claramente podemos decidir si la evangelización se está realizando al preguntar si el evangelio está siendo predicado clara y auténticamente, por lo que podemos fácilmente apreciar si estamos o no evangelizando.

3. Busca hacer justicia para con el material bíblico esparcido y los comentarios sobre evangelización que poseemos.

No obstante, existen serias objeciones a esta limitación de la evangelización a la proclamación, como ha ocurrido durante los últimos cien años dentro del protestantismo.

1. Cuando miramos cuidadosamente todo el material bíblico sobre la evangelización y los evangelistas, está claro que los evangelistas no limitaron sus ministerios al de la proclamación. Felipe, uno de los pocos mencionados en el Nuevo Testamento como un evangelista, no se comprometió solamente con un ministerio de proclamación; también estaba implicado en la sanación y en un ministerio de

exorcismo, y llegó tan lejos como para bautizar al etíope al que le explicó el significado de Cristo. En la era patrística los evangelistas permanecían suficiente tiempo en un área como para nombrar a pastores para aquellos a quienes habían llevado a Cristo. Limitar la evangelización a actos de habla y proclamación es artificial, aunque la proclamación es absolutamente esencial para la obra total de un evangelista.

2. En la iglesia primitiva uno podía estar seguro de que la proclamación del evangelio estaría íntimamente unida a la comunidad cristiana. Aquellos que proclamaban el evangelio operaban desde dentro de la Iglesia, y era natural que aquellos que llegaban a ser cristianos se incorporasen a la Iglesia. Esto se está cuestionando hoy en día por las ideas de algunas organizaciones paraeclesiales. Están comprometidas con la evangelización, pero se establecen como superiores a las tradiciones, sacramentos y servicios de la Iglesia. A pesar de que se habla mucho acerca del seguimiento y discipulado, esto es mayormente accidental. Como resultado hay multitudes de cristianos «nacidos de nuevo» que no tienen ni idea de las enseñanzas y el contenido de la fe cristiana. El seguir interpretando la evangelización como proclamación fomenta este trágico desarrollo en el cristianismo moderno.

3. Los grandes evangelistas del pasado no limitaron su ministerio al de la proclamación. Cuando san Patricio fue a Irlanda, o cuando sus monjes partieron para evangelizar a las gentes del norte de Europa, no sólo predicaron el evangelio; se aseguraron de que aquellos conversos estuviesen fundados en la fe cristiana. Cuando Wesley salió para trabajar en Inglaterra e Irlanda, rehusó limitar sus labores a la proclamación; insistió en que aquellos que respondieron al evangelio se uniesen a otros cristianos, y que fuesen iniciados, aunque fuese en pequeña medida, en las riquezas de la tradición cristiana de la enseñanza y el sacramento. A la inversa, aquellos que hoy tratan de limitar la evangelización a la predicación acaban añadiendo a esto, otros elementos

que van más allá de la proclamación. Insisten en los llamamientos desde el púlpito, suministran al converso material básico sobre la oración, estudio bíblico, y similares, y buscan involucrar a la persona interesada en una iglesia local. No son capaces de reducir la evangelización a actos de proclamación.

4. La mayoría de aquellos que argumentan que la evangelización debería ser entendida como proclamación, apela al encargo que Jesús hizo a sus discípulos, en Mateo 28:18-20, para sostener su visión. No obstante, esto es totalmente inconsistente con su posición, ya que Mateo insiste en que la iglesia debe hacer discípulos, bautizar, y enseñar. Esa misión universal no se limita a la proclamación. Es más, considérese lo difícil que sería hacer caso a las preocupaciones de Mateo si uno fuese a intentar atender a todos por medio de la televisión moderna. ¡Imagínate tratar de bautizar a alguien por medio de la pantalla televisiva! Si la evangelización es meramente proclamación entonces podríamos, por supuesto, evangelizar a través de la televisión; pero hay una cosa que no podríamos hacer: no podríamos llevar a cabo el último encargo de Cristo a sus discípulos.

MODELO TRES:
EL CRECIMIENTO DE LA IGLESIA

En la última generación, más o menos, algunos han reaccionado severamente ante la restricción de la evangelización a la proclamación y han defendido la idea de que la evangelización debe estar más íntimamente relacionada con la construcción de las comunidades cristianas locales. En parte, esto es porque quieren ser más fieles al último encargo de Cristo (Mateo 28:18-20); en parte es porque quieren tener en cuenta el ineludible carácter común de la vida cristiana. Es más, un grupo de eruditos, inspirados por las labores de Donald McGavran, ha prestado mucha atención a descubrir cómo las iglesias en varias partes del mundo han crecido en realidad. Después, han aplicado sus descubrimientos a averiguar cómo la iglesia puede crecer en el futuro. Toda una escuela de pensamiento y acción ha surgido para llevar el mensaje del crecimiento de la iglesia por todo el mundo. En días recientes se ha prestado especial atención al crecimiento de iglesias gigantescas, que han surgido en varias ciudades. El héroe en esta tradición es Paul Cho que ha establecido una iglesia en Seúl, Corea, que tiene más de 500.000 miembros. Aquellos que estudian el crecimiento de la Iglesia, no obstante, no se limitan sólo a las megaiglesias; también están interesados en examinar cómo crecen las iglesias en pequeñas ciudades o áreas rurales. Su objetivo es el de unir un *corpus* de evidencias que permita al erudito especialista discernir aquellos principios que deben ser aplicados en cualquier situación local particular, si la iglesia ha de crecer. El trabajo en este área, representa una de las más poderosas influencias al pensamiento sobre la evangelización durante los últimos veinte años.

Hay varias ventajas en pensar sobre la evangelización a la luz de lo que ha sido descubierto sobre el crecimiento de la Iglesia.

1. Ha penetrado en las nieblas del mito y medias verdades que han sido sostenidas durante generaciones sobre la evangelización. Muchos, por ejemplo, han sostenido que la televisión y la radio son muy efectivas en la evangelización. De hecho la gran mayoría de personas que se unen a iglesias locales lo hacen por amistad o por una relación significativa con alguien ya dentro de la iglesia. O, para tocar otro tema. Muchos líderes intelectuales de nuestra cultura tanto dentro como fuera de la iglesia sostienen que la gente moderna no es realmente alcanzable para la fe cristiana; sostienen que la religión está destinada a declinar debido a las fuerzas del secularismo. Esto es sencillamente falso, ya que, incluso en el oeste, gran número de personas se unirán a la Iglesia si la Iglesia se propone ganarles, y si pone en marcha las medidas apropiadas para ponerse en contacto con ellos.

2. Los defensores del crecimiento de la iglesia han dejado muy claro que el evangelizar en otras culturas requiere una gran sensibilidad y dotación, si el trabajo ha de ser realizado

adecuadamente. Es más, hay miles de grupos que aún no han tenido la oportunidad de responder al evangelio uniéndose a comunidades cristianas locales que les hablen en su propio idioma y lenguaje. Hay una gran obra misionera que aún está por cumplir por la iglesia moderna; por mucho que se hable del compañerismo no se puede erradicar este hecho.

3. Los eruditos del crecimiento de la iglesia han desentrañado una gran cantidad de información útil sobre el crecimiento de la iglesia que es vital para la futura obra evangelizadora. Han mostrado, por ejemplo, que el crecimiento del pentecostalismo es en parte debido a factores que tuvieron una parte esencial en la expansión del cristianismo por todo el imperio romano. Además, han establecido que el liderazgo y la planificación son vitales para una obra evangelizadora efectiva. Además de esto, han destacado la necesidad de prestar atención a la conversión en grupo y, por ello, han desafiado la tendencia de pensar en la evangelización sólo en términos de conversión de individuos. Todo esto debe ser atendido y apropiado sin excusas.

No obstante, hay serias objeciones a ciertas facetas del pensamiento actual sobre el crecimiento de la iglesia.

1. Se presta una atención insuficiente a las demandas del evangelio cristiano en el discipulado inicial. Cuando una iglesia local es débil teológicamente, las técnicas de crecimiento de la iglesia son algunas veces utilizadas para aumentar el número de miembros sin tener en cuenta si hay o no un compromiso cristiano serio. La teoría del crecimiento de la iglesia no trata adecuadamente la fase inicial del discipulado cristiano. Por lo que hace una distinción totalmente artificial entre los diferentes grados de discipulado y se conforma con lo mínimo. Esto creará problemas muy serios para el converso, más adelante, en su peregrinaje.

2. Los defensores del crecimiento de la iglesia son a menudo ambiguos sobre la obra del Espíritu Santo en el ministerio

de la evangelización. La mayoría de sus más destacados teóricos son teólogos conservadores, por lo que formalmente están de acuerdo en que la obra del Espíritu Santo es crucial en la evangelización. En la práctica, no obstante, la evangelización es desarrollada como un ejercicio totalmente humano, donde todo es conducido por el criterio de lo que funcionará para incrementar los números. Incluso sanidades y señales y maravillas, que se enfatizan cada vez más por algunos pensadores sobre el crecimiento de la iglesia, son tratadas como un tipo de técnica para llevar a la gente a creer y a comprometerse.

3. La reflexión sobre el crecimiento de la Iglesia ha fallado al no encarar algunos de los problemas espinosos relacionados con la unidad de la Iglesia. En consecuencia, en América del Norte se ha propuesto que debemos construir iglesias para cada clase de persona. Iglesias negras para negros, iglesias asiáticas para asiáticos e iglesias chinas para chinos. Esto es comprensible, ya que muchas iglesias se niegan a abrirse a diferentes culturas o razas. Pero esto es manejado demasiado fácilmente en manos de racistas que quieren conservar la iglesia segregada, y no se lucha por la unidad que nos ha sido dada en el evangelio del Reino de Dios.

MODELO CUATRO:
INICIACIÓN AL REINO DE DIOS

Ya hemos visto tres formas de pensar sobre la evangelización. En lo que queda del capítulo quiero sugerir otra forma de concebir la evangelización. Es útil enfocar esto teniendo en cuenta tres cosas que prepararán el terreno para mis sugerencias principales.

• Primero, los tres modelos que he descrito anteriormente no acaban con las definiciones de evangelización que son utilizadas por los cristianos de hoy. De hecho tenemos un grupo de definiciones o una familia de definiciones que son utilizadas para identificar una dimensión específica de la misión global de la Iglesia. Además del testimonio, proclamación, y crecimiento de la Iglesia, debemos añadir al menos las siguientes seis nociones:

CONVERTIR PERSONAS A CRISTO
HACER DISCÍPULOS
GANAR ALMAS
CRISTIANIZAR PUEBLOS O NACIONES
INICIAR LAS PERSONAS AL CRISTIANISMO
ABRIR NUEVAS IGLESIAS

Lo que muestra esta riqueza lingüística es que los cristianos han econsiderado esencial elimina una variedad de términos para hacer justicia a la complejidad de la tarea impuesta sobre ellos en la evangelización. Existe una inferencia muda aquí, que es inadecuada: limitar la evangelización a la proclamación o a la conversión de la gente a Cristo, restringiéndola a aspectos de la práctica moderna evangelística tales como avivamientos o llamamientos desde el púlpito. Debemos alzar nuestros ojos y ver más ampliamente el cuadro que tenemos delante.

• En segundo lugar, es obvio que aquí tenemos una familia de ideas que pueden ser separadas de otras definiciones o hechos definibles del ministerio cristiano. Comoquiera que finalmente construyamos la arena marcada por los verbos mencionados arriba, se puede distinguir claramente de otras actividades en las que la iglesia se embarca correctamente. De este modo puede ser distinguida del cuidado pastoral. Puede desmarcarse claramente en nuestro pensamiento del cuidado cristiano o la educación cristiana. Y es lógicamente distinguible de la acción social cristiana o de los programas cristianos de asistencia social. Intuitivamente es muy raro confundir la evangelización con los verbos cognitivos y los nombres relacionados con el cuidado pastoral o educación cristiana o con la acción social. Claramente, en una situación ideal todos estos estarán conectados entre ellos en el ministerio global de la Iglesia, pero es desconcertante cuando la evangelización es confunduida con cualquiera de estos ministerios. Ésta es seguramente una razón por la que los teólogos han sido forzados a interpretar la evangelización como un tema de investigación merecedor de atención por derecho propio. Es inútilmente inadecuado interpretar la evangelización simplemente como una dimensión indirecta de todo lo que hacemos en las escuelas teológicas.

• El tercer punto es mas difícil de elaborar pero es extraordinariamente iluminador para nuestra reflexión sobre la evangelización. No es un accidente de la historia el que los verbos mencionados arriba hayan sido utilizados en cercana conexión entre sí. Representan la fragmentación y el hacer añicos de una visión sencilla y globalizadora de evangelización que, sospecho, está ligada con la iglesia primitiva en su ministerio de evangelización. Esto nunca fue formalizado conceptualmente, pero estoy tentado a creer que fue sostenido instintivamente por la mayoría de aquellas personas implicadas en la evangelización.

Este tema puede ser expresado directamente de este modo. El área marcada por nuestros verbos esparcidos representa aquellas acciones y metas fundamentales de la iglesia relacionadas con la entrada y la fundamentación del dinámico Reino de Dios, inaugurado en la vida, muerte y resurrección de Jesucristo. Esto provee la pista crucial de lo que ha sido la Iglesia cuando trataba de evangelizar. En su evangelización ha procurado intencionadamente iniciar a las personas en el reino de gracia de Dios, que ha descendido sobre nosotros en misterio e inimaginable gracia, en Jesucristo por medio del ministerio del Espíritu Santo. La meta de la evangelización es la de fundar, establecer, instituir, y formar a las personas en la realidad del Reino de Dios. Ese reino ha sido manifestado en Cristo, es ofrecido en su penúltima plenitud a la Iglesia cristiana desde Pentecostés, y ya busca ser cumplido en la parusía del Señor resucitado. Más prosaicamente podemos decir que el trabajo que nos espera en la Iglesia moderna es el de reconstruir el pórtico de entrada al Reino de Dios, al manifestar las buenas noticias de los actos decisivos de inauguración de Dios en Cristo y al proporcionar la iniciación apropiada a la plenitud del Reino de Dios en la creación y la historia.

Podemos expresar esto por medio de una sencilla definición:

LA EVANGELIZACIÓN ES UN CONJUNTO DE ACCIONES DIRIGIDAS A LA INICIACI'ON DE LAS PERSONAS AL REINO.

Lo que esto significa en la *práctica* es que la evangelización abarca una variedad de acciones que se mantienen unidas por la simple intención de iniciar a las personas en el reino del amor y justicia de Dios. Significará proclamar desde los tejados las buenas noticias del evangelio. Requerirá invitar a la gente al arrepentimiento y a la fe. Nos cargará con la tarea de llevar a la gente a las aguas del bautismo y establecer una relación genuina con la comunidad cristiana. Significará llevar a la gente a una relación con Dios el Padre a través del Hijo por la acción del Espíritu Santo, para que sean nacidos de nuevo a la gloriosa libertad de los hijos e hijas de Dios. Nos llevará a compartir la visión moral fundamental de la fe cristiana resumida en el gran mandamiento de amar a Dios y amar al prójimo. Requerirá transmitir la herencia intelectual cristiana tan magníficamente resumida en los cánones bíblicos y los credos de la iglesia primitiva. Implicará llevar a las personas al cuerpo quebrantado y la sangre de nuestro Señor, revelados a nosotros por el Espíritu Santo en la eucaristía. Incluirá el asegurarnos de que las personas estén capacitadas por el Espíritu Santo con los dones apropiados para operar como agentes del reino de Dios en la iglesia y en el mundo. Finalmente, significará introducir a la gente en los rudimentos de las disciplinas espirituales, tales como el estudio de las escrituras, la oración, y el ayuno, para que se mantengan en continuo contacto con aquellos medios de gracia sin los cuales caerán en confusión y muerte espiritual.

¿Por qué debemos enfocar la evangelización de este modo? Déjame indicar tan sólo cuatro razones para adoptar esta visión de la evangelización.

1. Esta visión proviene del horizonte teológico fundamental con el que nos encontramos en los evangelios. En él se nos confronta con la inauguración del gobierno de Dios prometido a Israel, constituido por la vida, muerte y resurrección de Cristo, y llevado a cabo por medio del ministerio del

Espíritu Santo en la Iglesia primitiva. Es desde este horizonte que necesitamos reconstruir nuestra teología de evangelización.

2. La visión abre el atolladero que nos ha paralizado por tanto tiempo en los debates modernos sobre la evangelización; es decir, el debate entre aquellos que destacan la acción social y aquellos que destacan la evangelización personal. El centro de todo lo que hacemos en la iglesia no es evangelización ni acción social, sino la venida del dominio de Dios en medio de nosotros. Ni la evangelización ni la acción social pueden permanecer solas, ni pueden ser vistas como el horizonte primario de la vida y acción de la Iglesia. La primera tarea de la Iglesia es la de celebrar y adorar. Al invitar a nuestro Dios vivo y soberano a que esté presente en medio de nosotros y a reinar sobre la nueva Israel, hemos de alzar un grito de gozo en la presencia del Señor, hemos de participar en los cantos y los sacramentos de amor, y debemos establecer tiempos semanales de celebración. Desde este centro nos extendemos hacia el mundo para llevar las buenas nuevas y para recibir a otros en el compañerismo de los santos y mártires. Este es el corazón de la evangelización. Desde este centro, también nos extendemos hacia toda la creación para invitar a Dios a que reine entre nosotros en justicia y paz. Este es el corazón de la acción social cristiana. La evangelización que no produce agentes del reino de Dios carece de fruto y es hipócrita; la acción social que no se derive del evangelio del Cristo resucitado carece de raíz y es efímera.

3. Esta visión representa lo que los grandes evangelistas de la iglesia han tratado de hacer. Desde Pablo en Asia Menor hasta Gregorio Taumaturgo en Armenia, desde San Patricio en Irlanda hasta Cirilo y Metodio en Moravia, desde Mateo Ricci en China hasta Juan Wesley en Inglaterra, desde Mary Slessor en África hasta Lottie Moon en Asia, a su manera todos estos han tratado de llevar gente a la comunión del Reino de Dios. Correctamente los honramos como modelos en el campo de la evangelización.

En tiempos modernos hemos olvidado esta visión más profunda y hemos reducido la evangelización a proporciones estrechas e inadecuadas. Los teóricos del crecimiento de la iglesia la reducen a sofisticados métodos para incrementar la membresía de la iglesia, tomando a la ligera las responsabilidades y privilegios propios del pueblo de Dios. Los evangélicos conservadores lo reducen a la proclamación, modelada en un sermón racional predicado desde el elevado púlpito reformador. Los evangélicos wesleyanos lo reducen a historias de experiencia personal religiosa, rematadas por los emotivos llamamientos desde el púlpito, que actúan como sustitutos del bautismo y otros ritos públicos de entrada en la comunidad. Los pietistas lo reducen a una conversión de las personas a una religiosidad interior que poco tiene que ver con las amarras intelectuales y sacramentales de la Iglesia. Los liberales lo reducen a actos de testimonio moralistas desvestidos de las luces y poderes del Espíritu Santo y que están a veces radicalmente divorciados del mismo evangelio. Los radicales lo abandonan en su totalidad con disgusto, dando la espalda, irónicamente en nombre de la sociología, a las instituciones de la fe, utilizando, sin embargo, todo el poder político que puedan reunir para promover sus propios empeños ideológicos estrechos.

Esto le recuerda a uno el comentario de A.N. Whitehead: «Si el hombre no puede vivir sólo de pan, aún menos podrá vivir de desinfectantes». Los carismáticos lo reducen a una espléndida exposición de las señales y maravillas que constantemente amenaza con caer en la apostasía y la avaricia. Los católicos lo reducen a una rutina ordenada de catecismo y sacramentos que degenera una y otra vez en el nominalismo y el ritualismo duro. Los evangelistas televisivos lo reducen a una telenovela de dimes y diretes, culto a la personalidad, y propaganda respetable.

Exagero, sin duda. La mayoría de estas tradiciones y movimientos tiene algo totalmente legítimo para contribuir al debate sobre la evangelización. Además, la mayoría de nosotros es lo suficientemente sabio como para alzarse por encima de los compromisos oficiales. Felizmente, al examinar la información, he encontrado que inconscientemente incorporamos elementos de modelos rivales de evangelización en nuestro ministerio. Ha llegado el momento, no obstante, de reunir nuestros enfoques fragmentarios y dispersos sobre la evangelización y mantenerlos unidos en una sencilla visión que esté arraigada en la acción de Dios en Cristo, sostenida por el Espíritu Santo, dispensada a nosotros en la iglesia a través de los medios de gracia. Soy lo suficientemente osado como para creer que tal visión está localizada en el intento globalizador de vernos a nosotros mismos y a toda la creación iniciados en la incomparable misericordia y amor de Dios que puede encontrarse en nuestra incorporación al Reino de Dios. Trabajar con esto en la práctica bien podría ser la clave para la renovación que todos esperamos tanto como pedimos.

4. Finalmente, debemos prestar atención a esta concepción de evangelización porque puede tener la mitad de posibilidades de encajar en el contexto en el que la Iglesia debe operar hoy. Para hablar personalmente, he sido inducido en esta dirección tanto por mi propia experiencia de trabajo pastoral y evangelístico en la Irlanda moderna, como por la interacción con los recursos bíblicos y la tradición de la Iglesia. Expresando la cuestión de forma bastante directa, he encontrado en mi propia experiencia en Irlanda, que vivimos en un mundo que no se convertirá a Cristo ni crecerá en santidad genuina si se reduce la evangelización a un crecimiento de la Iglesia, al activismo moral, a la proclamación, o a las señales y maravillas. Gracias a que, por la gracia de Dios, nadie reduce realmente la evangelización únicamente a uno de estos puntos, nuestra práctica por lo general es más fuerte que nuestra teología. Intuitivamente sabemos que debemos insistir en una total iniciación al reino de Dios si queremos esperar lo mejor. Vivimos en un mundo donde la gente es adicta a la droga, a la avaricia, al racismo, al terrorismo, y a un sinnúmero de pecados que no serán atajados sin la plenitud del Reino de Dios en medio de nosotros. El evangelio no progresará sin la presencia de

la justicia, la paz y el gozo en el Espíritu Santo. Lo que se necesita no es hablar más y más de programas de crecimiento de la Iglesia y de evangelización, sino el misterioso poder del Espíritu Santo presente en nuestros corazones trayendo frescura a nuestra alabanza, nuestra proclamación, y nuestros hechos. Es más, necesitamos la habilidad y la osadía para involucrar al nuevo discípulo en todos los privilegios y responsabilidades del Reino de Dios. Todo lo que no llegue a esto, será finalmente ineficaz y efímera. Fallará la construcción de la iglesia de Jesucristo, no formará a nuevos creyentes para soportar las presiones del mundo moderno, y se quedará sin la plenitud de las preciosas promesas dadas a nosotros en las Escrituras, en nuestra memoria, y en la tradición que nos ha sido transmitida por nuestros padres y madres en la fe.

Haríamos bien en reclamar junto con Juan Wesley nuestro derecho de nacimiento en el evangelio.

> *Espíritu de Gracia, y salud, y poder,*
> *Fuente de luz y amor,*
> *Derrama una lluvia de sanidad,*
> *Sobre todas las naciones.*

> *Inflama nuestros corazones con perfecto amor,*
> *Completa en nosotros la obra de la fe;*
> *Para que las huestes celestiales no sean más prestas*
> *Que nosotros en la tierra a hacer tu voluntad.*

> *Bendición y honor, alabanza y amor,*
> *Tres co-iguales, co-eternos,*
> *Abajo en la tierra, y arriba en el cielo.*
> *Por todas las obras sean dadas a ti.*

> *¡Tres veces santo! Tuyo es el reino,*
> *El poder omnipotente es Tuyo;*
> *Y cuando la naturaleza creada muera,*
> *Brillen tus incesantes glorias.*

Preguntas

1. ¿Quiénes son tus figuras preferidas en el campo de la evangelización? ¿Qué es lo que menos te gusta en la práctica de la evangelización?
2. ¿Cómo definirías la evangelización?
3. ¿En qué se diferencia la evangelización de la educación cristiana? ¿En qué se diferencia de la acción social?
4. ¿Qué visión de la evangelización expuesta anteriormente describe mejor la visión de tu iglesia sobre la evangelización en años recientes?
5. ¿Qué visión de la evangelización prefieres tú? ¿Por qué?
6. ¿Qué nos dice Mateo 28:18-20 sobre la naturaleza de la evangelización?
7. A la luz de tus deliberaciones, ¿qué pasos concretos deben darse en el ministerio de la evangelización en tu contexto?

Capítulo 3

EL EVANGELIO

COMPRENDER LA HISTORIA CORRECTAMENTE

¿Cómo debemos resumir el corazón del evangelio cristiano? Esto representa una de las cuestiones más importantes que debemos abordar en la evangelización. La mayoría de aquellos a los que la iglesia procura alcanzar son como la mujer irlandesa que charlaba con una vecina por encima de la verja de su jardín; sólo quería saber dos cosas: «¿Quién lo hizo?» y «¿Le cogieron?».

Existen dos peligros a los que nos enfrentamos. El primero es el de decir demasiado poco y por lo tanto distorsionar el mensaje. El segundo es el de decir demasiado y perder al oyente. Los evangelistas realmente grandes consiguen el equilibrio adecuado para su situación.

Consideremos a D.L. Moody. Cuando Moody fue a Inglaterra y a Escocia tuvo un éxito enorme a la hora de llevar a la gente a Cristo. Sin embargo era un laico; prácticamente no tuvo una educación formal; y se podría poner casi toda su teología en una postal. Multitudes se agolpaban para escucharle. Cuando fue a Londres predicó en una de las principales iglesias de la ciudad. Al finalizar su sermón pidió a la gente que se levantase si querían seguir a Cristo. Se levantaron tantos que les pidió que se sentasen para que pudiese explicar una segunda vez lo que estaban haciendo. Incluso la segunda vez se levantaron en respuesta. De ahí que muchos concluyan que la esencia de la evangelización es la de llevar el mensaje sencillo de Moody y contarlo de igual modo que él lo hacía.

Están en lo correcto al enfatizar la importancia de resumir el mensaje de modo sencillo. Están equivocados al insistir en que esto es todo lo que había en el éxito de Moody. Moody tuvo éxito en parte debido a que hablaba a gente que ya estaba versada en la fe cristiana. En Escocia, habló a miles de personas a las que se les había enseñado un catecismo, que exponía los grandes temas de la Reforma.

Aquellos que escuchaban a Moody también habían llegado a creer que la salvación era una obra enteramente de Dios; todo lo que podían hacer era esperar pasivamente en la esperanza de que Dios pudiese haberles escogido y que en su propio tiempo les salvaría. Cuando Moody llegó a ellos con su acento americano y su corazón de amor y les dijo que podían ser salvos en ese mismo lugar y en ese mismo momento, para ellos fue sorprendente. Las cargas caían de sus espaldas, el desahogo que les llenó al arrepentirse y la fe eran totalmente naturales.

Nuestra situación presente es totalmente distinta. La gente no ha sido expuesta a una presentación sistemática del mensaje cristiano. Los miembros de la iglesia sólo han recogido fragmentos de la tradición cristiana. Muchos de ellos han tomado decisiones y se han entregado, pero están confusos sobre lo que esto significa. Respondieron esperando sentir algo misterioso en sus corazones, pero tenían poca idea de cómo esto está conectado con el evangelio del Reino de Dios. Incluso los estudiantes de teología y los ministros están confusos. Han sido expuestos a tantas interpretaciones contrapuestas del mensaje cristiano que apenas confían que ninguno, menos aún ellos mismos, les aclare el mensaje. Actualmente las comunidades cristianas son bombardeadas con libros y cintas que llevan a la gente normal y corriente a debatirse entre sentimientos de esperanza y desesperanza en su búsqueda de la esencia del evangelio.

Wesley es ilustrativo en este aspecto. Por un lado, fue un erudito que podía defenderse bastante bien en el mundo de la enseñanza; enseñó lógica y griego en Oxford. Por otro lado, fue un evangelista popular; podía predicar con eficacia a miles de mineros a las cinco de la mañana, mientras iban al trabajo. En su contexti tuvo que resumir la fe con integridad y después mantener un seguimiento con formas de enseñanza y discipulado que confirmasen al nuevo converso en la fe. Esto fue un logro aplastante que llevó años de desarrollo y perfeccionamiento.

En este capítulo quiero tratar la cuestión de lo que es el evangelio. La Iglesia que esté confusa sobre esto fallará en su evangelización. Sugeriré que el corazón del evangelio es la venida del Reino de Dios en Jesucristo. Necesitamos tanto una versión más amplia como una más breve de esto si queremos hacer algún progreso. Cada miembro de la Iglesia debería tener absolutamente claros estos temas.

SÍNTESIS ACTUALES DEL EVANGELIO

Antes de seguir con esto, no obstante, sería útil hacer una pausa y tomar nota de algunas síntesis del evangelio que son familiares a todos.

1) *Para algunos el corazón del evangelio es el mensaje de que Jesús ha venido a traernos autoestima y paz mental.*

En esta perspectiva el enfoque está en la soledad y el quebrantamiento de la gente que está aislada de la amistad y de la comunidad genuina. Las buenas nuevas son que Dios ama a cada individuo; esto se manifiesta a todos en Cristo. Dios desea dar ahora a cada uno de nosotros felicidad y alegría; deberíamos vivir con confianza y aceptarnos a nosotros mismos como Dios nos ha aceptado. Hecho esto, podemos construir sueños de seguridad y esperanza para nosotros mismos. La conversión en esta tradición significa que debemos llegar a amarnos y a respetarnos a nosotros mismos, aceptar el amor que Dios tiene hacia nosotros, e intentar compartir ese amor con otros.

2) *Para algunos la esencia del evangelio es que Jesús ha venido a salvarnos del infierno y la perdición.*

En esta perspectiva el énfasis de las buenas nuevas es que

podemos ser salvados del desastre que nos espera en la vida venidera si nos hemos arrepentido y entregado a Cristo. Esto es a menudo colocado en un contexto donde el énfasis recae en varias tribulaciones y raptos que caerán sobre nosotros al final de la historia. El libro de la Biblia preferido es el libro del Apocalipsis. Dios es visto como el gran juez cósmico, que ha enviado a Cristo para traernos el castigo que merecemos debido a nuestros pecados. Si no aceptamos a Cristo, entonces estaremos perdidos para siempre. Las buenas nuevas son que si nos arrepentimos y aceptamos a Cristo, podemos obtener la vida eterna en los siglos venideros. La conversión, bajo este punto de vista, es interpretada como una vuelta a Cristo para así asegurarnos un puesto en el cielo cuando muramos.

3. *Para algunos, el corazón del evangelio es que Dios ha venido para liberarnos de la opresión y atadura política.*

Esta forma de pensar el evangelio ha llegado a ser popular en los últimos diez años más o menos. De acuerdo con esta posición la esencia del evangelio es que Dios está obrando en la historia para liberar a los pobres y a los oprimidos de las ataduras y el sufrimiento. El texto bíblico preferido es la historia del éxodo, cuando Dios rompe la atadura del poder y libera al pueblo de Israel. La opresión de la cual somos liberados es vista en una variedad de formas. Algunas veces el énfasis está en la liberación del capitalismo o de la pobreza; algunas veces el enfoque está en la liberación de la dictadura; otras veces la liberación es vista como la liberación del racismo, sexismo, o clasismo. En esta tradición, la conversión se entiende como la vuelta a una vida entregada a la transformación de la sociedad, donde las estructuras de la sociedad son radicalmente cambiadas; si hay necesidad, esto puede adquirir la forma de una revolución violenta.

4. *Para algunos el meollo del evangelio es que Dios desea traernos salud y bienestar.*

Esta forma de entender el evangelio ha adquirido enormes

proporciones tanto en occidente como en el Tercer Mundo. La clave del mensaje es que Dios es un buen Dios que quiere que su gente prospere. Dios quiere darnos a todos vida en abundancia. Dios no quiere que su pueblo esté enfermo; todos pueden ser sanados ahora por medio de la actividad del Espíritu Santo. Tampoco quiere que su pueblo viaje en segunda clase; Dios quiere que su pueblo tenga éxito en los negocios y en la vida en general. Las buenas nuevas son que por medio de Cristo y la fe en su palabra podemos prosperar aquí y ahora. Bajo esta perspectiva la conversión incluye una vuelta a Cristo, confiando en la palabra de fe, y dando generosamente para el ministerio a aquellos que trajeron las buenas nuevas de la prosperidad. Dar dinero es considerado como una semilla que será devuelta multiplicada en riquezas y bendiciones por Dios.

No hay necesidad de entrar en las ventajas y desventajas de estos intentos por fijar las esencias del evangelio. Ni afirmo que estas alternativas se excluyan mutuamente. Se superpponen de forma clara, y uno a menudo las encuentra incluidas sin orden ni concierto en un mismo sermón. Veo los mismos problemas elementales en todas estas formas de presentar el corazón del evangelio.

1. El énfasis primordial está en nosotros y en lo que necesitamos. O bien necesitamos ser afirmados, o necesitamos ser salvados de la condenación eterna, o bien necesitamos ser liberados de la opresión, o bien necesitamos ser sanados y que se nos dé éxito en la vida. En consecuencia Dios y las acciones de Dios son interpretados como una salida a los problemas en los que nos encontramos. Toda esta orientación da un entendimiento poco profundo y superficial del mensaje cristiano. Todas estas alternativas están enfocadas sobre nosotros y nuestras necesidades.

2. Lo que Dios ha hecho en Cristo es estrictamente un medio para conseguir un fin según estos diferentes esquemas. Si Jesús no nos trajera autoestima, o no nos salvara del infierno, o no apoyara nuestras cruzadas sociales y políticas, o

no nos trajera salud y bienestar, entonces no sería merecedor de nuestra atención y, consecuentemente, menos aún de alabanza y amor. Estas alternativas no reconocen a Cristo como intrínsecamente atractivo y soberano.

3. Las buenas nuevas del evangelio en todas estas síntesis son absolutamente estrechas y reducidas. No se enlazan de ningún modo con la acción de Dios en la creación, con las profundidades del apuro humano, con la envergadura de las acciones de Dios en el antiguo Israel y ahora en la Iglesia, o con las profundidades de los propósitos de Dios como serán reveladas en el futuro. Lo que ha ocurrido es que un fragmento de aquí y allá del mensaje cristiano, o quizás una implicación de nuestra conducta extraída de éste, ha sido recogido y erigido como el corazón del evangelio. En consecuencia, aquellos que se han convertido bajo este mensaje a menudo están lisiados y mal formados espiritualmente.

EL CORAZÓN DEL EVANGELIO

¿Cómo podemos expresar el corazón del evangelio para que se capte genuinamente la plenitud de las buenas nuevas? Debemos hacer dos cosas en este punto.

En primer lugar, necesitamos una síntesis del mensaje cristiano que proporcionaré desarrollando un breve resumen de la fe cristiana en un lenguaje actual.

En segundo lugar, tendremos que centrarnos en la substancia de lo que Cristo vino a hacer al mundo. Expresado lo más directamente posible, Cristo vino a establecer el Reino de Dios en medio de nosotros y por ello a salvar al mundo de su pecado y esclavitud.

UNA INTRODUCCIÓN AL MENSAJE CRISTIANO

La fe cristiana puede ser resumida correctamente en los seis puntos siguientes.

1. *Creencias de fondo acerca de la creación.* El mundo cotidiano en el que estamos viviendo está aquí debido a la actividad creativa de Dios. No es un mero accidente el que exista; no es la creación de un comité de dioses; es el efecto de la actividad de un solo y verdadero Dios que es todopoderoso, totalmente ingenioso, bueno sin reservas, cuya expresión no adulterada de su interior es de un amor incondicional.

2. *Convicciones sobre la singularidad de los seres humanos.* El mundo es sorprendentemente rico y diverso en carácter. Siglos de estudio e investigación dejan aún una multitud de preguntas sin respuestas. Sin embargo dentro de la creación los seres humanos son únicos ya que han sido creados a la imagen de Dios; son agentes espirituales creados para relacionarse con Dios en armonía y unión. No son únicamente simios con pantalones; no son sólo una mezcla particular de física y química acabados con un ordenador en la parte superior de sus cuerpos; son, singularmente, agentes personales como Dios en su capacidad de pensamiento, deliberación moral, y relaciones espirituales. Su bienestar final depende de su relación con Dios; viven suspendidos entre la vida y la muerte, dependiendo de cómo respondan a Dios.

3. *Un diagnóstico sobre lo que ha ido mal en el mundo.* Claramente algo ha ido mal en el mundo. No es lo que debería ser. La razón fundamental de este desorden en el que nos encontramos es que nos hemos rebelado contra los límites de nuestra existencia creada, desalojando a Dios del justo lugar que ocupa en el universo, y nos hemos convertido en pecadores. El problema no está en las estructuras sociales, en una falta de educación, en un problema nervioso, y similares; se encuentra en lo profundo de nuestras almas, donde somos ajenos a las verdaderas raíces de nuestra existencia, por lo que nuestras relaciones fundamentales están dislocadas. Debido a nuestra alienación de Dios vivimos en un mundo de ilusión y de medias verdades, conservamos una profunda desconfianza hacia Dios, y estamos

paradójicamente vendidos a nuestra propia destrucción. Conocemos en nuestras almas la maldad radical.

4. *Una receta sobre la solución de nuestras dolencias.* La solución fundamental a nuestro problema de alienación y desconfianza se puede encontrar en la acción de Dios. Dios nunca nos ha dejado sin testimonio, a pesar de lo mucho que podamos haber pervertido a ese testimonio. Es más, Dios ha actuado decisivamente en Israel y en Jesucristo para establecer su reino de justicia y de misericordia, en la creación. Al tiempo que sostiene el universo, y obra providencialmente en la historia para conseguir sus propósitos, Dios ha venido a nosotros en su Hijo eterno y ha vivido entre nosotros; Dios ha tomado nuestra rebelión en su propia existencia en el cuerpo y ha triunfado sobre la muerte y la destrucción en la resurrección. Todos aquellos que han recibido la luz de la acción salvadora de Dios se unen al Israel de Dios; están dotados por el Espíritu Santo de Dios para mostrar el amor de Dios en sus vidas y para actuar como agentes del Reino de Dios en el mundo. La solución por parte del hombre se encuentra en tornar hacia la oferta de renovación de Dios, vivir con una profunda confianza en Dios, y aventurarse hacia una vida de obediencia a Cristo en su Iglesia. El problema es tan profundo en nuestro interior que todo esto se hace posible, sólo, por medio de la misteriosa obra del Espíritu Santo. Por lo que la resolución de nuestro dilema no se encuentra en algún plan de autoayuda, algún programa de reconstrucción revolucionario, algún sistema de educación, y similares. Estos fallan debido a que finalmente son poco profundos y superficiales. Necesitamos ser hechos santos y devotos, y esto es algo que sólo Dios puede hacer.

5. *Una visión sobre el futuro.* La renovación de la creación ha comenzado, pero espera su total florecimiento. El Reino de Dios ha sido inaugurado en Jesucristo crucificado, ahora está resucitado de entre los muertos, y volverá en gloria para completar los propósitos de Dios para la creación. Por ello, las maquinaciones de la maldad y la locura están obsoletas

y caducas; están destinadas a ser sobrepasadas en el terrible Día Final del Señor, cuando el Reino de Dios sea totalmente establecido en el cielo y en la tierra. Por un lado, esto genera una profunda sensación de esperanza, pues los buenos propósitos de Dios para la creación triunfarán; la maldad no tendrá la última palabra; el amor triunfará al final. Por otro lado, inspira una sensación de temor reverente, puesto que sabemos que estaremos delante del Juez de toda la tierra y tendremos que rendir cuentas sobre nuestras acciones.

6. *Una visión para vivir.* Todo esto genera una forma muy particular de vivir que afecta a cada aspecto de nuestras vidas. Hemos de vivir como espejos de la naturaleza de Dios y por tanto manifestar en nuestras vidas el amor que Dios es, en su trino ser desde la eternidad hasta la eternidad. Gozosamente amamos a Dios con todo nuestro corazón, alma, y mente, y amamos a nuestro prójimo como a nosotros mismos. Este es el corazón de la ética cristiana, y su forma y carácter preciso han sido expuestos en las Escrituras, en la tradición de la Iglesia, y en la vida de los santos. Nuestras vidas no están gobernadas únicamente por la utilidad, ni por el coste, ni por la razón. Nuestras mentes están centradas en la renovación de la creación, hecha posible por la obra del Espíritu Santo.

Esta particular exposición de la fe cristiana puede ser desarrollada más plenamente. A través de los años, la Iglesia, ha explicado algunos de sus aspectos; una y otra vez cantidad de pensadores cristianos han expresado sus elementos centrales con estilo y elegancia. Se mantiene con vida en parte debido a que es constantemente desafiada. Los temas aquí expuestos no pueden ser rehuídos. Cada persona tiene algún tipo de respuesta informal a las preguntas que hemos tratado arriba. Todos tenemos convicciones sobre la creación; poseemos algunas nociones sobre lo que hace a los seres humanos diferentes del resto de la creación; nos paramos y pensamos de vez en cuando en el porqué estamos en este lío en el que nos encontramos; tenemos alguna idea acerca de lo que hay que hacer para corregirlo; sostenemos alguna clase de visión sobre el futuro; y tenemos alguna idea sobre cómo debemos vivir si queremos encontrar la plenitud. En nuestra sociedad somos constantemente bombardeados por las narraciones competitivas sobre estos hechos. Estamos metidos en un mercado de filosofías que luchan por conseguir nuestras lealtades.

A través de las generaciones vemos esto en las alternativas expuestas por las grandes religiones del mundo. Éstas siempre han ido acompañadas por una multitud de cultos y sectas que han procurado vendernos su forma de salvación. En nuestro contexto actual, se han unido a éstas varias filosofías mundanas seculares que buscan que nos rindamos a sus doctrinas.

Marxistas y humanistas, por ejemplo, buscan convencernos de que nuestro destino y nuestra felicidad deben ser encontradas en un rechazo radical de la religión y en la vuelta a una utilización atrevida de nuestros recursos para solucionar nuestros problemas. Estos postulados están incluidos en visiones más amplias de la realidad, que pueden ser expresadas en la misma línea que hemos mencionado arriba.

Quizás la opción más atractiva con la que actualmente nos enfrentamos en Occidente es una forma de hedonismo. Ésta nos invita a encontrar nuestro verdadero bienestar en un sinfín de placer y felicidad. Los seres humanos son retratados como máquinas de felicidad que pueden ser satisfechas a voluntad si es administrada la dósis correcta de materialismo y avaricia. Los defensores de esta visión toman gran cuidado de no suscitar ninguna pregunta profunda sobre los orígenes de nuestra vida y destino. Asumen que llegamos aquí de algún modo, y dan por hecho que la vida se halla confinada entre el nacimiento y la muerte. No les importa que Dios y la religión figuren en el asunto mientras no interfieran demasiado drásticamente en nuestra búsqueda de la buena vida en la tierra. Sugieren que lo que ha ido mal es que la gente no ha prestado suficiente atención a sus propias necesidades; hemos gastado demasiado tiempo prestando atención a los problemas emocionales y morales de otros. La solución que ofrecen a nuestras dolencias es la de invitarnos a disfrutar plenamente y a no preocuparnos por el futuro. El futuro es incierto; mañana podemos morir; vivamos pues el hoy. Por supuesto, nunca podremos conseguir esto si somos necios y no realizamos las expectativas que otros tienen de nosotros; pero debemos mantener estas al mínimo y mirar por nosotros mismos.

A la luz de estas alternativas es crucial que comprendamos la lógica interna de la fe cristiana. No necesitamos presentarlo todo al presentar el evangelio a otros, pero debemos comprender lo que está en juego. Hay, en el mundo, una batalla genuina por la mente de los seres humanos, que los cristianos deben comprender. De otro modo no lograrán entender el significado real de Jesucristo y presentarán las buenas nuevas del Reino de Dios de una manera superficial. De hecho, sospecho que mucha gente nunca ha oído realmente las buenas nuevas del evangelio. Han sido confrontados con los fragmentos rotos que han sostenido sus esperanzas y sus promesas aparentes. Como resultado, la Iglesia en Occidente tiene una necesidad desesperada del evangelio.

EL EVANGELIO EN POCAS PALABRAS

La única cosa que la Iglesia tiene que ofrecer, al fin y al cabo, es a Jesucristo.

En Jesucristo, tenemos al Hijo eterno de Dios encarnado entre nosotros; ha venido con amor y misericordia incomparables para introducir el Reino de Dios, que ha sido dejado a un lado desde el comienzo de la creación. Ese reino se manifestó en su predicación y en su acción. Nos enseñó la plenitud del misterio del Reino de Dios; manifestó el Reino en su ministerio de exorcismo y sanidad.

Su propia vida fue la total encarnación del Reino de Dios en la historia. Llevó sobre sí la maldad y el caos del mundo en su crucifixión, sufriendo por nosotros como expiación. Dios lo levantó de entre los muertos y justificó su ministerio. El Señor resucitado envió al Espíritu Santo a todos sus seguidores, que se han con- vertido en su cuerpo y en sus agentes en el mundo. Ese cuerpo está equipado para continuar el ministerio de salvación de Cristo hasta lo último de la tierra. Entra en la celebración de los poderosos actos de salvación y con esperanza avanza hacia el descubrimiento final del Reino de Dios. Jesucristo, crucificado y resucitado, que volverá de nuevo es el corazón de las buenas nuevas.

Como consecuencia de la proximidad del Reino de Dios, la Iglesia llama al mundo al arrepentimiento y a creer. Debemos realizar un cambio radical de corazón y mente; debemos considerar lo que Dios ha hecho; debemos entrar en el Reino de Dios con fe y gozo, poseyendo con gusto todas sus responsabilidades y privilegios. Sólo haciendo esto encontraremos nuestro verdadero destino y plenitud. Este camino significará sufrimiento y esfuerzo; pero finalmente nos hará semejantes a Dios y nos llevará a la vida eterna misma. Nuestra respuesta y renovación en todo esto sólo son posibles por medio de la actividad del Espíritu Santo que nos revela al Cristo viviente y nos eleva a una nueva vida en el Reino.

Fíjate en varios aspectos de la esencia del evangelio.

1. *El evangelio es principalmente la buena nueva de la acción de Dios en Jesucristo. Es esto lo que somos llamados a proclamar a toda la creación.*
   El mensaje no está directamente sobre nosotros. Por ello no es una sucesión de historias sobre nuestra experiencia personal, ni una cesta llena de máximas morales designadas para ganar amigos e influir en la gente, ni es una arenga revolucionaria sobre cómo establecer la utopía en la siguiente generación. El evangelio no es una charla tranquilizadora sobre cómo encontrar la felicidad y la autoestima. El mensaje es fundamentalmente una buena noticia sobre un trozo de historia, que incorpora la historia de los hechos soberanos de Dios al romper el poder del mal e inaugurar su Reinado. Esto ha ocurrido una vez y para siempre en Jesucristo, y continúa hoy a través de la obra del Espíritu Santo en el cuerpo de Cristo.

2. *El evangelio es fundamentalmente una historia asombrosa y extraordinaria.*
   El mensaje no es una filosofía especulativa mantenida unida

por una serie de argumentos tambaleantes. El evangelio no es una serie de secretos esotéricos de cómo obtener salud y riqueza. Ni es una receta de cómo ser decente o de cómo llegar a ser un miembro de la clase media. Las buenas nuevas son básicamente una narración sobre la acción de Dios en Jesucristo. Todo se sostiene y cae por medio del fruto del testimonio de la cruz y la resurrección. Afirma que el Dios inmortal ha muerto como nuestro salvador para rescatarnos de la muerte y la esclavitud, para llevarnos a su Reino como hijos suyos, y para establecernos como sus primogénitos en la nueva creación.

3. *El evangelio es intrínsecamente atractivo tal cual es. El mensaje no necesita ninguna empresa de relaciones públicas ni una agencia de publicidad para que su contenido parezca bueno.*

Una vez que la Iglesia trata de disculparlo, o intenta mejorar su contenido con medios e infraestructuras inteligentes, entonces la Iglesia ha perdido la fe en el evangelio. Es como si un hombre tuviese que recomendar la belleza de la mujer a la que ama charlando sin cesar sobre el coche que conduce o las ropas que lleva. Cualquier cosa que expongamos para hacer que Jesucristo tenga buen aspecto nunca igualará lo que tenemos en él. No podemos apelar a lo inferior para demostrar lo superior. Sencillamente no puede haber nada mayor que la realidad de la participación de Dios en la historia para salvar al mundo. Una vez que perdemos esto de vista, perdemos el corazón de la fe cristiana y nos vemos abocados a ofrecer un evangelio inferior. Como Jesús nos enseñó, una vez que la gente degusta lo que es el Reino de Dios venderá todo lo que posee para conseguir más. Tropezarse con Él es como encontrar un tesoro en un campo y entonces deshacerse de todo lo demás para obtener el tesoro.

Con esto en su lugar, ya podemos comenzar a desarrollar un enfoque global de la evangelización. Nuestra primera tarea es la de dejar que el señorío de Dios penetre en la adoración al Dios viviente en la Iglesia. Podemos referirnos a esto como la elevación de miles de lenguas cantando. Nuestra segunda tarea es la de encontrar las formas y los medios para esparcir las buenas nuevas a la gente donde estos estén. Podemos referirnos a esto como la recuperación de la voz de trompeta en el mundo. Nuestra tercera y última tarea es la de colocar en su lugar los medios de iniciación al Reino de Dios, los cuales se encargarán de que la gente se consolide en el Reino de Dios en la tierra. Podemos referirnos a esto como la reconstrucción de la puerta y el pórtico del Reino.

Preguntas

1. ¿Cuál fue tu comprensión del evangelio cuando llegaste a la fe?
2. ¿Cómo resumirías el evangelio ahora?
3. ¿Qué es el Reino de Dios? ¿Cómo está relacionado con el evangelio?
4. ¿Hasta qué punto tu congregación en su totalidad comprende la sustancia del evangelio cristiano?
5. ¿Dónde ves las exposiciones insuficientes y sub-cristianas del evangelio cristiano en las formas contemporáneas de la evangelización?
6. ¿Puedes pensar en formas en las que los cristianos oscurecen la atracción intrínseca y la verdad de Jesucristo?
7. ¿Qué pasos concretos tienen que ser dados por tu congregación para llevar a cabo los temas cubiertos en tus deliberaciones?

Capítulo 4

COMPARTIENDO
EL
EVANGELIO

En el capítulo anterior miramos el mensaje confiado a la Iglesia de Jesucristo al buscar ser un agente de la evangelización en el mundo moderno. Es imperativo que la Iglesia capte el mensaje correcto y que tenga el valor de compartirlo con el mundo. Estamos bajo el claro mandato de llevar el evangelio hasta lo último de la tierra. No debemos dejarnos desorientar por cristianos confusos, por teólogos separados de la Iglesia, por oponentes hostiles, o por cristianos ociosos. A todos los cristianos se les convoca a tomar parte en este proceso. ¿Cómo debemos hacer esto? En este capítulo quiero identificar algunos de los caminos cruciales que los cristianos pueden usar para compartir el evangelio. Mi meta no es la de ser exhaustivo. Quiero estimular a mis lectores a meditar sobre lo que ellos harían en su situación bajo la guía del Espíritu Santo. Ten en cuenta que esto es sólo un paso en el proceso completo de la evangelización.

EL PAPEL DEL CLERO EN LA PROCLAMACIÓN

Los ministros ordenados tienen un papel importante en la predicación del evangelio. Sientan las bases de una congregación local como maestros, administradores, consejeros, y agentes de ánimo. A menudo pueden deshacer o potenciar el ministerio evangelístico de una Iglesia.

Una de sus responsabilidades cruciales se halla en el área de la predicación evangelística. Existen dos posibilidades que merece la pena mencionar aquí.

1. Los ministros deben desarrollar el arte de relacionar el evangelio con los temas centrales de su predicación habitual. Esto no es de ninguna manera fácil. Una vez conocí a un destacado ministro anglicano de Australia que a lo largo de los años había aprendido a concluir cada sermón con un toque evangelístico. Esto requería gran disciplina y cuidado porque siempre es fácil introducir unas pocas líneas sobre la cruz o el Reino en los últimos minutos de un sermón. Algunos ministros no predican nada más que sermones evangelísticos y por ello abandonan sus votos de ordenación de enseñar al rebaño de Cristo. Otros nunca predican un sermón evangelístico y por ello también pecan. Combinar ambos es un arte que requiere un cultivo cuidadoso. Aquellos que trabajan con el leccionario pueden encontrar en ello un modo de enriquecer sus esfuerzos evangelísticos en la predicación.

2. Los ministros deberían preparar y predicar sermones específicamente evangelísticos exponiendo las buenas nuevas del Reino con la visión de invitar al oyente al Reino de Dios. Aconsejaría a los ministros en este punto que tomen medidas para hacer de esto una parte vital de su ministerio habitual. Inicialmente pueden tener miedo de hacer esto. Si perseveran, las recompensas son tremendas. A continuación hay unas pocas sugerencias que pueden ser útiles.

   a. Los ministros deben apartar tiempo para examinar algunos sermones predicados por los gigantes del evangelio. Bien podrían comenzar con los de Wesley y continuar con gente como Charles Finney, D.L. Moody, E. Stanley Jones, Clovis Chappell, Martyn Lloyd-Jones, John Stott y Arthur Skevington Wood. Es útil reunir un *corpus* de material para tener una variedad de modelos con los que trabajar. Con el tiempo uno será capaz de tomar un texto y comenzar a pensar cómo Wesley lo habría predicado, o Chappell, o cualquier otro al que uno encuentre de utilidad. Necesitamos practicar el compromiso con la excelencia, examinando con cuidado lo que ha sido hecho en el pasado. Puede que encuentres útil reunirte con un grupo de predicadores y combinar los recursos. Comparar notas sobre la predicación evangelística puede resultar de un valor inconmensurable.

Toma nota de que la meta en toda predicación evangelística está determinada por la meta de iniciar a la gente en el Reino de Dios. La meta no es hacer sentir mejor al predicador o al oyente, ni incrementar los números de la iglesia, ni defender intereses políticos, ni cosas similares. La meta aquí no es siquiera hacer que la gente responda al llamamiento del predicador. La meta es la de suministrar un relato claro de lo que es el evangelio, para que aquellos que escuchan realmente comprendan lo que es, para que libre y gozosamente entren al Reino de Dios, aceptando tanto sus demandas como sus privilegios. Siempre hay que tener esto en cuenta. Debe haber substancia real en lo que se dice. Las decisiones de entrar al reino deben estar relacionadas con la verdad completa del evangelio. Demasiado de la predicación evangelística ha sido escasa en contenido y excesivamente centrada en nuestra respuesta a la verdad más que en la verdad misma. Todo lo que debe ser dicho se debe incluir en el sermón, mejor que dejarlo para una apelación emocional al final.

b. Los predicadores deben apartar tiempo para preparar sermones evangelísticos basados en algunos de los grandes textos evangelísticos de las Escrituras. Posibilidades obvias en este sentido son textos como Juan 3:16; Efesios 2:8; Romanos 8:16; Marcos 1:15; y otros similares. Hay multitud de textos para elegir. En el comienzo de este proceso puede ser necesario doblar la preparación que normalmente se necesitaría. Entonces, el material preparado debería ser predicado con estilo, buscando la unción del Espíritu Santo. Hay mucha gente dentro de la Iglesia que nunca ha oído de forma clara y atrayente el evangelio; los predicadores deberían fijarse como meta el cambiar esto definitivamente.

Esto podría ser combinado con el establecimiento de un Domingo para invitados, en el que toda la congregación podría invitar a amigos y vecinos a la iglesia un domingo en particular. Toda la liturgia podría ser organizada con esta visión. Varias iglesias han puesto en práctica esto con gran éxito.

EL PAPEL DE LOS LAICOS EN LA PROCLAMACIÓN

Predicar sermones evangelísticos dentro de los edificios de las iglesias es parte del trabajo de mantenimiento que debe ser realizado en la iglesia moderna. Es esencial porque hemos abandonado la evangelización y permitido que el cristianismo nominal florezca entre nosotros. Más aún, es de ayuda porque algunos de fuera entrarán en la iglesia para interesarse por el contenido del cristianismo.

Pero si este es el único camino para compartir el evangelio, hemos desobedecido a Cristo y no hemos alcanzado a la gente allí donde está. La gran mayoría de la gente es ganada para el Reino de Dios por medio del contacto con cristianos que han compartido la fe con ellos de palabra y hecho. Esparcir el evangelio por medio de un tejido de relaciones y amistades es central en la evangelización.

Es absolutamente esencial, por tanto, que los cristianos encuentren un camino para compartir regularmente su fe con otros. Deben ser identificadas dos formas de compartir.

1. El primer modo es compartir el contenido de las buenas nuevas del mensaje cristiano. Aquí, el enfoque se centrará en lo que Dios ha hecho para recuperar al mundo por medio de Jesucristo.

Cada cristiano debería ser capaz, en este punto, de proveer un breve resumen del mensaje del evangelio que sea fiel al Nuevo Testamento y expresarlo en sus propias palabras. En el capítulo tres he proporcionado dicho resumen.

2. El segundo modo es el de compartir nuestro propio camino de la fe. Aquí el enfoque está en nuestra propia respuesta al evangelio. En algunos círculos esta forma de compartir toma la forma de un testimonio personal. Uno cuenta en un lenguaje sencillo cómo llegó a la fe en Jesucristo. Esto puede haber ocurrido lenta y naturalmente dentro de un hogar cristiano y dentro de la familia de la iglesia, o puede haber ocurrido más dramáticamente en una experiencia de conversión mas consciente.

De nuevo, cada cristiano debería ser capaz de proporcionar un relato breve y realista de su propio camino. También debería tener la capacidad de compartir con sus amigos sin disculpa ni vergüenza. Hecho de forma correcta, puede también tener un efecto profundo en un culto evangelístico regular o en otra ocasión apropiada en la vida de la Iglesia.

Esta clase de capacitación no puede ser sacada de un libro sobre evangelización. El mejor modo de proceder es que la iglesia ofrezca talleres sobre cómo compartir la fe. A esto deberá seguirle el desarrollo de un sistema de seguimiento que dé ánimo y regeneración a aquellos que compartan su fe regularmente con otros. Un pequeño núcleo dentro de la Iglesia bien podría realizar talleres y nombrar entre ellos a los responsables del seguimiento.

OTRAS POSIBILIDADES PARA COMPARTIR LA FE

Si juntos, pastores y laicos, se ponen a compartir la fe en los modos antes especificados, la iglesia habrá recorrido un largo camino en el cumplimiento de su responsabilidad de anunciar las buenas nuevas. No obstante, hay otros caminos para la proclamación que pueden ser aplicados con provecho.

1. Uno de dichos caminos es un extenso período de predicación evangelística por alguien dotado para la proclamación de las buenas nuevas del Reino. Algunas veces esto ha sido realizado en tiempos de reuniones de avivamiento, pero existe una profunda confusión en la Iglesia actual sobre el propósito de estas reuniones. Hay lugar para una serie de reuniones que se centran específicamente en la proclamación del evangelio para el de afuera. Este es un modo de alcanzar a toda la comunidad en un esfuerzo concertado. Dicha serie de reuniones debe ser planeada de principio a fin. No será suficiente repetir una reunión de avivamiento tradicional. Todas las reuniones deben encaminarse a alcanzar a las personas ajenas a la comunidad; y la predicación, música, y el formato deben estar relacionados entre sí.

2. Otro camino es el de formar equipos de visitación para hacer un seguimiento de los que han visitado la iglesia, o visitar sistemáticamente cada hogar en un área específica. Esto requerirá de una formación amplia, pero los resultados pueden ser extensos. Hay una variedad de programas que pueden seguirse; el más utilizado es el del Culto Evangelístico, desarrollado por Richard Amstrong; y el de la Evangelización Explosiva desarrollado por James Kennedy, y más recientemente las Buenas Nuevas para la Calle por Michael Wooderson.

3. Otro camino es el de suministrar buena literatura cristiana a amigos y vecinos. Las obras de C.S. Lewis han sido de gran ayuda para muchos. Las biografías de personas como John Wesley o las *Confesiones* de San Agustín pueden ser regaladas. Debemos hacer buen uso de la riqueza del material que han escrito aquellos que encontraron restauración y salvación en Jesucristo. Cada iglesia local debería desarrollar una lista de libros que hayan ayudado a sus miembros a comprender la esencia del cristianismo. Algunos de éstos podrían ser distribuidos sistemáticamente por los hogares de la vecindad de la iglesia o colocados en lugares públicos donde la gente pueda tener acceso a ellos.

4. En algunos lugares una iglesia local puede compartir el evangelio por medio de los canales habituales modernos de información. Aquellos que tengan acceso a periódicos locales, radio, televisión, y similares, pueden utilizar estos para anunciar el Reino. Esto requerirá imaginación y estilo, pero el talento para esto puede ser algunas veces encontrado dentro de nuestras iglesias. Recientemente he oído de un ministro metodista con un ministerio en la radio para oficiales de policía. Él había sido policía antes de entrar en el seminario y, con creatividad, dio con esta forma de alcanzar a sus antiguos compañeros.

5. En algún momento una iglesia local debería examinar cuidadosamente cómo podría alcanzar a aquellos que son más difíciles de alcanzar. Existen varios grupos fuera de la iglesia: hay, por ejemplo, desertores, excluidos, rechazados, y los que deciden salir. Una estrategia que alcanzara a un grupo puede no impactar a otro. Aquellas personas responsables de la evangelización deberían revisar periódicamente todo el ministerio de evangelización con esto en mente. Con el tiempo una congregación debería desarrollar una variedad de formas de compartir la fe que tocara todo el espectro de necesidades y temperamentos humanos.

Preguntas

1. ¿Cuál es el papel de los pastores en la evangelización?
2. ¿Qué puede hacer una congregación para complementar el ministerio evangelístico de su pastor?
3. ¿Hasta qué punto está siendo proclamado el evangelio de forma regular desde el púlpito de tu iglesia? ¿Qué puede hacerse para mejorar la situación actual? ¿Cómo puede tu iglesia local mantener la primacía de la predicación evangelística sin descuidar la enseñanza?
4. Desarrolla un boceto de un taller de fin de semana para preparar a un grupo de laicos para compartir su fe con otros. Elabora un esquema detallado de todo el fin de semana, mostrando los planes de sesiones, las metas de cada sesión, el contenido de cada sesión, el resultado esperado, los acontecimientos de seguimiento, y similares.
5. ¿Qué está haciendo tu iglesia para dotar a la gente para compartir el evangelio con otros en la vida diaria? ¿Qué debe ser hecho para rectificar esto en el futuro?
6. ¿Qué estrategias especiales debería desarrollar tu iglesia para ser efectiva en la proclamación del evangelio en tu comunidad? ¿Hay caminos que actualmente están descuidados y que deban ser restaurados o que debieran ser creados desde cero?

Capítulo 5

CONVERSIÓN, BAUTISMO Y ÉTICA

MÁS ALLÁ DE LA PROCLAMACIÓN

Los grandes evangelistas del pasado no limitaron su actividad evangelística simplemente a compartir las buenas nuevas de Jesucristo. También estaban preocupados por ver a la gente firmemente establecida en el reino de Dios sobre la tierra. Puede que no hayan descrito su obra exactamente de este modo, pero es una forma razonable de interpretar su actividad.

Discutí explícitamente este enfoque en el segundo capítulo de este libro. Mi asunción es que todo lo que hacemos en la evangelización debe ser guiado por la intención de llevar a la gente al Reino de Dios sobre la tierra. Nuestra herencia metodista ha tomado esto con toda seriedad. Los antiguos metodistas, tanto el predicador itinerante como el miembro local, estaban constantemente en busca de aquellos que ya estaban respondiendo a las buenas nuevas del Reino. No se conformaban con compartir el mensaje o sus testimonios y dejarlo en eso. Estaban resueltos a fomentar el desarrollo de discípulos genuinos, entregados a todo lo que Dios ha ofrecido en el evangelio. Esta es una de las características únicas de la evangelización en la tradición metodista. Tiene enormes posibilidades para el futuro.

El tema puede ser enfocado de manera inteligente si preguntamos: ¿Qué va a hacer la Iglesia con aquellos que muestran un interés en la buenas nuevas del Reino de Dios? ¿Simplemente abrimos las puertas, llenamos los bancos, y lo dejamos en eso? Tal estrategia puede salvar nuestras instituciones, pero no hará justicia a lo que el Señor requiere de nosotros. Ni tampoco comenzará a satisfacer a aquellos que hayan sentido la alegría del Reino de Dios. Wesley resumió el tema gráficamente cuando sugirió que hay una puerta y un pórtico por los que todos debemos pasar si queremos entrar al Reino de Dios. En otras palabras, hay un proceso de varias caras que podemos identificar cuando reflexionamos sobre la entrada al Reino de Dios.

EL MÉTODO EN LA EVANGELIZACIÓN

Sugiero que existen seis dimensiones para entrar en el Reino de Dios.

1. Una dimensión *ÉTICA*
   La entrada en el Reino de Dios incluye aceptar la esencia de la tradición ética cristiana resumida en el gran mandamiento de amar a Dios y a nuestro prójimo.
2. Una dimensión *SUBJETIVA*
   La entrada en el Reino de Dios incluye una experiencia de conversión o nuevo nacimiento donde nuestros pecados son perdonados y entramos en una relación de pacto con Dios.
3. Una dimensión *TEOLÓGICA*
   La entrada en el Reino de Dios incluye aceptar la herencia intelectual cristiana resumida en los credos ecuménicos de la Iglesia primitiva.
4. Una dimensión *HORIZONTAL*
   La entrada en el Reino de Dios incluye entrar en la Iglesia de Jesucristo a través del bautismo y la confirmación, uniéndonos a los santos y mártires de todos los tiempos.
5. Una dimensión *OPERATIVA*
   La entrada en el Reino de Dios incluye un compromiso por nuestra parte para trabajar como agentes del Reino en el mundo, capacitados por el Espíritu Santo para hacer las obras del Reino.
6. Una dimensión *DISCIPLINARIA*

La entrada en el Reino de Dios incluye aceptar las disciplinas clásicas de la vida cristiana, representadas por la oración, el ayuno, y un uso regular de los medios de gracia.

Cuando hablo de volver a introducir el método en nuestra evangelización, quiero con ello decir mucho más que sencillamente establecer objetivos en la evangelización; quiero decir que debemos incorporar estas dimensiones de iniciación al Reino en el mismo corazón de nuestros ministerios evangelísticos. Prestar atención a estas dimensiones es el camino para cimentar a la gente en el Reino de Dios sobre la tierra. Es un modo de hacer justicia al último mandato de Cristo en la tierra.

En mi enfoque no tiene mucha importancia dónde empezamos a tratar con las diversas dimensiones de la iniciación. Lo que sí importa es que, en un momentu u otro, prestemos atención a todos estos elementos.

Por ejemplo, mucha gente en nuestra cultura está comprometida con la tradición moral cristiana. Pero esta gente puede que nunca haya experimentado la gracia salvadora de Dios en sus vidas personales. No saben que pueden tener una seguridad genuina del perdón de los pecados. El perdón necesita ser sentido si queremos ser iniciados adecuadamente en el Reino de Dios.

Puede que otros conozcan y hayan experimentado el perdón, pero su vida moral es caótica, o no tienen nada que ver con la iglesia. Claramente necesitan que se les enseñe los rudimentos de la ética cristiana y se les lleve a la Iglesia si vamos a ser serios acerca de su entrada en el Reino de Dios. En los próximos dos capítulos vamos a tratar las seis dimensiones de iniciación que hemos identificado anteriormente. En este capítulo queremos abordar la conversión, el bautismo, y la tradición moral cristiana. En el siguiente veremos el credo, los dones espirituales y las disciplinas espirituales.

CONVERSIÓN

Cuando el Reino de Dios viene a nosotros por medio de la predicación del evangelio y la obra del Espíritu Santo, nuestra vida ya no puede ser igual. El texto clásico que habla de esto es Juan 3:3 : «De cierto, de cierto te digo, que el que no naciere de nuevo, no puede ver el Reino de Dios». Las imágenes utilizadas aquí son muy gráficas. Hablar de un nuevo nacimiento es un modo de señalar que podemos, de verdad, comenzar de nuevo. Cuando comienza a operar el Reino de Dios en nuestras vidas, esto es precisamente lo que ocurre.

Por un lado, todos nuestros pecados nos son perdonados. Por la obra de Cristo en la cruz somos perdonados de una vez y para siempre. Todos nuestros pecados están enterrados en el océano del amor y la misericordia de Dios. Por medio de la fe en la obra expiatoria de Dios somos librados de nuestros pecados. En el arrepentimiento rechazamos nuestros antiguos caminos de egoísmo y entramos en una nueva relación con Dios, donde encontramos al Espíritu Santo ofreciéndonos la seguridad del perdón.

Por otro lado el Espíritu Santo trae un cambio genuino a nuestras vidas. Somos nacidos de nuevo al Reino. La analogía que se esconde tras esto es muy precisa; Wesley la utilizó con gran destreza. Sugirió que fuera del Reino de Dios, nuestras vidas están marcadas por la oscuridad y la ignorancia. Somos como un bebé en el vientre antes de nacer. Tenemos oídos pero no oímos los sonidos de la creación; tenemos ojos pero no podemos ver las maravillas del mundo de Dios. Esto se puede aplicar espiritualmente. Antes de nuestro nuevo nacimiento quizás tengamos un leve conocimiento de Dios, pero vivimos en la oscuridad e ignorancia espiritual. Al ser expuestos al evangelio, éste hace el papel de una matrona dándonos a luz a la salvación de Dios. El Espíritu Santo abre nuestros oídos y ojos espirituales para escuchar y comprender las profundidades del amor de Dios por nosotros y por toda la creación. Por tanto, nacemos de nuevo de lo alto y venimos a ser hijos de Dios. Hay varias cosas a tener en cuenta sobre el nuevo nacimiento descrito aquí.

• Primero, está íntimamente relacionado con términos tales como conversión, justificación, y seguridad cristiana. Esto no es casual. Todos estos conceptos se unen para proporcionar una descripción maravillosamente amplia de la dimensión subjetiva de nuestra entrada en el Reino de Dios.

El cristianismo es una religión intensamente personal. Por medio de la venida de Jesucristo, se nos da la oportunidad de dar una vuelta total y convertirnos a una nueva forma de vida. Por medio de la obra de Jesucristo en la cruz se nos ofrece el perdón de nuestros pecados. Por medio de la obra del Espíritu Santo somos llevados a la convicción del pecado, se nos da la oportunidad de comenzar de nuevo, y se nos da la seguridad de que somos hijos de Dios. Nuestra experiencia personal de entrada al reino de Dios es por ello compleja y multifacética.

- En Segundo lugar, no debería sorprendernos, entonces, el que no haya un solo patrón que todos debamos seguir. Hay tiempos de crisis cuando puede que seamos intensamente conscientes de lo que está ocurriendo; también hay momentos en el proceso, en los que se está produciendo un cambio radical pero no somos conscientes totalmente de lo que el Espíritu Santo está haciendo. También es vital que no intentemos imponer nuestro proceso personal sobre otros. Esto sólo crea confusión y resentimiento en los que deseamos convertir a Cristo. Pero también debemos prestar atención al impacto de la venida del Reino de Dios a nuestras vidas personales. Correctamente interpretado y presentado con sentido, esto trae gran esperanza y libertad a nuestra relación personal con Dios. Lo que cuenta al final no es el patrón de nuestra experiencia sino lo genuino de nuestro conocimiento personal de Dios, para que seamos realmente conscientes del perdón y el poder de Dios en nuestras vidas. Esto es lo que quiere decirse al hablar de conversión, justificación, y nuevo nacimiento. Esto se hace de manera admirable cuando lo aceptamos en todo su significado.

- En tercer lugar, es importante no perder de vista el reto del discurso sobre la conversión y el nuevo nacimiento. Hay personas que no se sienten a gusto con este lenguaje porque sienten que no deja lugar para el crecimiento en la vida cristiana. La mayoría de los cristianos son muy conscientes del camino que les falta por recorrer en su relación con Dios; por lo que es natural que huyan del lenguaje que parece sugerir que de algún modo ya han llegado. Naturalmente sienten que necesitan nacer de nuevo cada día o que necesitan nacer de nuevo una y otra vez. Esto es comprensible. Nunca dejamos de crecer en nuestra relación con Dios; siempre podemos seguir progresando en nuestra vida espiritual. Pero debemos comenzar por algún lugar, y nunca debemos subestimar lo importante que es el entrar al Reino de Dios. Es tanto un privilegio como un reto; sólo por esta razón debemos tomar en serio el hecho de que la entrada al Reino implica un nuevo nacimiento y conversión. Ninguno de estos conceptos elimina la necesidad de un crecimiento y desarrollo sin límites en nuestra relación con Dios. Debemos remarcar la importancia tanto de la crisis como del proceso en nuestra relación con Dios; lo uno sin lo otro es inadecuado y falso.

BAUTISMO

Una segunda dimensión de la entrada al Reino de Dios es captada en el sacramento del bautismo.

La venida del Reino de Dios sobre la tierra crea una nueva comunidad que vive en y para el Reino. Uno entra en esa comunidad por el bautismo o por el bautismo y la confirmación. Cualquier relato de iniciación al Reino de Dios que ignore esta dimensión social de la iniciación es totalmente inadecuado. Para expresar este hecho directamente, uno no puede decir que quiere entrar al Reino de Dios, pero que rechaza unirse a la comunidad del Reino, la Iglesia. La Iglesia y el Reino están intrínsecamente unidos uno a otro. El Reino de Dios no puede, por supuesto, ser identificado con la Iglesia; pero el Reino viene en parte por medio de la actividad del Espíritu Santo obrando en y por medio de la Iglesia. La Iglesia subsiste dentro del Reino de Dios y existe para servir al gobierno venidero de Dios. Jesús, al escoger a los apóstoles, dejó muy claro que pretendía establecer una comunidad, el Israel de Dios, que debía llevar el evangelio hasta los fines de la tierra y traer conversos a su membresía por medio del bautismo.

Es de vital importancia que la Iglesia moderna vuelva a establecer una unión entre el bautismo y el ministerio de la evangelización. En cierto sentido, el tema en cuestión es el mismo que el de la entrada al Reino de Dios. Entrar al Reino nos involucra en la entrada a la comunidad del Reino. Esto no es una cuestión de elección personal por nuestra parte. El cristianismo no es una religión individualista; es inevitablemente de carácter comunal y social. Por lo que no podemos aceptar a Cristo como nuestro Señor y Salvador en un respiro y en el respiro siguiente rechazar ser miembro del cuerpo de Cristo, la Iglesia.

A otro nivel el tema es de supervivencia espiritual. Los creyentes jóvenes se marchitarán y morirán si no son colocados en un cuerpo de creyentes que regularmente participen en los medios de gracia dados a la Iglesia. Este es uno de los motivos por los que Wesley estableció las reuniones con clases sobre Metodismo. A un nivel muy básico ayudaban a instruir al nuevo creyente en los rudimentos de la religión cristiana, y proporcionaban instrumentos para el cuidado y el bienestar de aquellos que estaban creciendo en la gracia.

A un tercer nivel, lo que está en juego es el servicio del cristiano en el mundo. Los cristianos han sido puestos en el cuerpo de Cristo para ser sus manos y sus pies, aquí y ahora. No pueden servir a Cristo adecuadamente si viven en soledad, vidas aisladas, desconectados de otras partes del cuerpo.

En la historia de la iglesia el bautismo ha llegado a ser rico en simbolismo. Ha significado la purificación de nuestra culpabilidad y nuestros pecados por medio de la obra de Cristo en la cruz. Ha actuado como un símbolo de nuestro nuevo nacimiento, indicando nuestra necesidad de comenzar de nuevo, cuando nos encontramos con el Reino de Dios por medio de la obra del Espíritu Santo. Ha servido para llamar nuestra atención sobre nuestra necesidad de ser enterrados con Cristo en su muerte y resucitados con Cristo en su resurrección. Ha sido utilizado para simbolizar nuestra entrada en la Iglesia, el cuerpo de Cristo. Ha actuado como forma de testimonio ante el mundo de nuestra unión con el cuerpo de Cristo. Y también ha servido como medio para confirmar nuestro compromiso de seguir a Cristo en obediencia a su voluntad. No hay necesidad de delimitar de forma estrecha el significado del bautismo; es un acontecimiento rico en su significado y ha servido perfectamente como un sacramento de entrada al cuerpo de Cristo.

Ha habido, por supuesto, mucho debate respecto al modo y los sujetos del bautismo. Han circulado argumentos sobre si deberíamos bautizar por inmersión o si el bautismo debería ser sólo administrado a aquellos que han llegado al arrepentimiento y la fe de modo inconsciente. No podemos resolver estos debates aquí; la discusión sobre estos temas continuará indefinidamente. Ni tampoco debería preocuparnos esto. Lo que importa no es el modo o el tiempo exacto del bautismo. Lo que es importante es que los cristianos deben ser bautizados en algún momento de sus vidas, y que sean verdaderamente introducidos en la Iglesia. Hay ventajas y desventajas tanto con el bautismo de adultos como con el bautismo de niños. Aquellos que practican el bautismo de adultos tienden a tratar a los niños como pequeños paganos hasta que hayan pecado lo suficiente como para arrepentirse; mientras que aquellos que practican el bautismo infantil tienden a subestimar la necesidad de la conversión personal y el nuevo nacimiento.

La iglesia metodista practica el bautismo infantil; pero ha tenido cuidado en enfatizar la necesidad del compromiso y conversión personal. Sostiene, correctament, que los infantes son sujetos del bautismo, marcándolos desde el principio como miembros de la Iglesia y como sujetos de la actividad del Espíritu Santo. Una de las razones por las que los metodistas practican el bautismo de niños parte de sus convicciones sobre la prioridad de la gracia en nuestra experiencia de Dios. Somos salvados y convertidos no por nuestros buenos pensamientos y acercamiento a Dios, sino por el acercamienti de Dios a nosotros. Sólo podemos responder a Dios, en primer lugar, porque Dios se ha dirigido a nosotros con misericordia y gracia. Sin la gracia previa, esto es, la gracia que precede a nuestros esfuerzos y acciones, nunca podríamos llegar a entrar al Reino de Dios. El bautismo de niños expresa esto con fuerza.

Sin embargo, necesitamos responder nosotros mismos a la gracia de Dios. Por ello, para que tomemos en serio la parte de decisión y entrega personal, ha sido costumbre, a lo largo de los años, mantener unas clases de confirmación para aquellos que han sido bautizados como niños. Este es el modo metodista de insistir en que la entrada a la Iglesia demanda una decisión y conversión personal por parte de sus miembros. También es un modo de darnos la oportunidad de salir completamente del cristianismo si así lo decidimos. Esta es una de las razones por la que en las clases de confirmación prestamos atención detallada a lo que significa ser un seguidor de Cristo. Subraya el contenido del discipulado cristiano y la necesidad de una entrega personal genuina.

No existe razón por la que este patrón de bautismo-confirmación no pueda integrarse en un patrón global de iniciación al Reino de Dios. Puede que exista una necesidad de reforma substancial en ciertos lugares, especialmente donde el bautismo y la confirmación han llegado a ser ritos vacíos, divorciados del evangelio y la obra del Espíritu Santo. Pero cada iglesia local deberá decidir por sí misma. Lo absolutamente crucial es que la entrada a la Iglesia venga a ser una parte ineludible del viaje espiritual de aquellos que son convocados a entrar al Reino de Dios. El lugar natural para que esto sea expresado es por el bautismo y la confirmación. Debe hallarse un modo en cada contexto local de forjar una unión muy clara entre evangelización y bautismo.

La unión entre los dos es suministrada por el hecho de que el bautismo es una dimensión de nuestra entrada en el Reino de Dios. La iniciación cristiana es fundamentalmente una iniciación al Reino de Dios; no es sólo una iniciación a la Iglesia. Pero la iniciación cristiana no puede dejar fuera o ignorar la iniciación a la Iglesia, pues esto es esencial para la total iniciación al Reino. Por tanto, el bautismo necesita ser situado paralelamente a la conversión como esencial para la entrada al Reino. Quizás es esto lo que Jesús dijo en Juan 3:5: «El que no naciere *de agua* y del Espíritu, no puede entrar en el reino de Dios.»

ÉTICA

Una tercera dimensión de la entrada en el Reino de Dios es captada en el gran mandamiento de amar a Dios con todo nuestro corazón, alma, mente, y fuerzas, y amar a nuestro prójimo como a nosotros mismos.

Esto es traído a nuestra consideración en los evangelios en el incidente narrado en Marcos 12, donde un escriba le pregunta a Jesús cuál es el primer mandamiento de todos. Jesús le contestó recitando los dos mandamientos del amor a Dios y el amor a nuestro prójimo. El escriba está muy satisfecho con la respuesta. Jesús por su parte está encantado con la sabiduría del escriba, y le dice: «No estás lejos del reino de Dios».

Es obvio que hay una clara conexión entre la entrada al Reino de Dios y el cambio en el carácter y perspectiva ética. Entrar en el Reino de Dios es abrazar una tradición ética en particular; esta tradición está resumida en el gran mandamiento de amar a Dios con todo nuestro corazón, mente, alma, y fuerza, y amar a nuestro prójimo como a nosotros mismos. De nuevo es importante expresar este tema directamente: no podemos apelar a las bendiciones del Reino de Dios y rechazar el mandamiento de amar a Dios y amar al prójimo.

Parte de lo que significa llegar a ser un seguidor de Cristo es recibir esta su enseñanza ética con gratitud y entusiasmo. Realmente la enseñanza ética cristiana no es una molesta ley impuesta sobre nosotros; es otro regalo de la gracia de Dios, entregado a nosotros para nuestro bienestar. También podemos decir que la tradición ética cristiana, resumida en el gran mandamiento, es la respuesta adecuada a la venida del Reino de Dios en Jesucristo. Dada la extraordinaria expresión del amor de Dios que nos es dado a conocer en Cristo, es apropiado y natural que amemos a Dios y que amemos a aquellos a quienes Dios ama, es decir, nuestros prójimos.

John Wesley y los primeros metodistas entendieron claramente la conexión entre ética y evangelio. Esto es expuesto explícitamente en el tenor de las Reglas Generales adoptadas tan pronto como en 1739. Cuando uno se unía a las sociedades metodistas tempranas, la condición de membresía era muy simple. Todo lo que había que hacer era exhibir un deseo sincero de huir de la ira venidera y ser salvado del pecado. Este deseo, a su vez, sería manifestado en un compromiso moral que era positivo y negativo al mismo tiempo. Por un lado, uno dejaría de hacer daño a los demás, absteniéndose del mal de cualquier tipo. Por otro lado, uno haría todo lo bueno que pudiese, haciendo el bien en toda manera posible, y, hasta donde se pudiese, a todo el mundo. Esta es una forma sana y sabia de subrayar la armonía interior entre la experiencia cristiana, captada por el lenguaje de la conversión, y el nuevo nacimiento; y el comportamiento externo, dirigido especialmente con amor hacia nuestro prójimo. Wesley estaba en lo correcto al insistir en esto como una condición mínima para la membresía en las sociedades metodistas.

Al analizr este planteamiento es importante mantener en mente las siguientes consideraciones.

1. No existe absolutamente ningún intento de introducir alguna clase de doctrina de justificación por obras en las condiciones de entrada al Reino de Dios. Entramos al Reino, no porque nos hayamos ganado alguna clase de billete de entrada moral por nuestro comportamiento, sino por la misericordia y la gracia de Dios. Al entrar al Reino de Dios lo hacemos exculpados por gracia por medio de la fe. La cuestión aquí, es nuestra respuesta a la iniciativa de la gracia de Dios al establecer su Reino. Esta respuesta, a su vez, está inspirada por la actividad del Espíritu Santo, quien al guiarnos hacia el Reino engendra en nosotros un deseo de amar a Dios y amar a nuestro prójimo. De hecho llegamos a amar a Dios porque Dios nos amó primero y porque el amor de Dios ha sido derramado en nuestros corazones por el Espíritu Santo. Esto explica por qué la ley del amor es vista como una expresión de una gracia todavía mayor, dada gratuitamente por Dios.

2. Al centrarnos en el gran mandamiento, no deseamos excluir el vasto cuerpo de material ético que nos es legado en las Escrituras y en la tradición moral cristiana. Las Escrituras del Antiguo y Nuevo Testamento están llenas de imperativos éticos y reflexiones morales que cada cristiano recibe con gratitud. Es más, en la tradición moral cristiana existe

un cuerpo único de distintivo ético que es esencial para la vida en santidad. Por ejemplo, los cristianos tienen una perspectiva particular sobre la moralidad sexual, la preocupación por los pobres, la utilización de la violencia, la santidad de vida, y asuntos similares. Con el paso del tiempo estos son recogidos e interiorizados por el converso en su camino hacia la madurez. Lo que está en juego aquí es un sencillo y claro resumen del corazón de la tradición ética cristiana. Es esto lo que Cristo mismo proporciona en el gran mandamiento de amar a Dios y al prójimo. Es esto lo que aquellos que entran en el Reino necesitan comprender y mantener al iniciarse en el Reino.

Preguntas

1. ¿Qué entiendes por «Método» en Evangelización?
2. ¿Puedes encontrar términos alternativos para designar las seis dimensiones de iniciación al Reino de Dios mencionadas arriba?
3. ¿Qué es la conversión? ¿Cómo explicarías el nuevo nacimiento a alguien que nunca antes ha oído de él?
4. ¿Pueden los cristianos estar seguros de su salvación? ¿Es esto importante para un nuevo converso?
5. ¿Cuál es el lugar del bautismo en la evangelización?
6. ¿Cuál es tu experiencia de confirmación? ¿Cómo puede relacionarse de un modo significativo con la iniciación al Reino de Dios?
7. ¿Qué compromisos éticos debemos esperar de los nuevos convertidos?
8. ¿Cuáles son las Reglas Generales de la Iglesia Metodista? ¿Pueden ser útiles hoy día en la iniciación de la gente al reino de Dios?
9. ¿Qué acciones específicas son necesarias para llevar a cabo las conclusiones a las que se ha llegado en el contenido de este capítulo?

Capítulo **6**

CREDO,
DONES Y DISCIPLINAS
ESPIRITUALES

LA IMPORTANCIA DE LA INICIACIÓN

En el capítulo anterior y en el actual venimos explorando lo que implica la iniciación al Reino de Dios. Al comienzo del capítulo anterior explicamos muy brevemente las dimensiones fundamentales que deben ser abarcadas si queremos hacer justicia a la venida del Reino de Dios entre nosotros en Jesucristo. Procedimos luego a identificar tres de esas dimensiones. Al comienzo de este capítulo quiero hacer una pausa y llamar la atención una vez más sobre la importancia de la iniciación. Trataremos después las tres últimas dimensiones de la iniciación.

Un modo de abordar el significado crucial de la iniciación es el de afrontar una objeción obvia que pudiera ser realizada contra las proposiciones que estoy defendiendo. La objeción es esta: Al exponer estas diferentes dimensiones de iniciación, ¿no estamos imponiendo una forma de discipulado sobre el converso cristiano? ¿No basta con proclamar el evangelio, llevando a la gente a Cristo, sin más?

Aunque esta alternativa inicialmente parezca atractiva, falla por al menos dos motivos. Primero, los elementos fundamentales de la iniciación que estoy intentando identificar son parte integral de la comprensión propiamente cristiana de la estructura de nuestra existencia en el Reino de Dios. La venida del Reino de Dios no es una difusa marca de piedad o religión sin contenido.

El Reino es una realidad muy particular dada a nosotros en la historia, en la que ha sido desarrollada con una estructura y carácter particular. Tiene un impacto muy particular sobre nuestra vida interior, nuestra relación con los demás, nuestra perspectiva ética, nuestras mentes, etcétera. Históricamente, es el caso, como podemos ver en los desarrollos que tuvieron lugar a través de los años en la Iglesia primitiva; y es el caso en nuestras vidas individuales, como podemos ver en las diversas biografías de aquellos que han llegado a ser cristianos.

En segundo lugar, el converso necesita la clase de cuidado que intento describir si quiere sobrevivir en medio de la concurrencia de alternativas que encuentra en un mundo hostil. Dejadme dar un ejemplo concreto. Hace algunos años antes de que dejase Irlanda para venir a Norteamérica, llevé a un granjero a Cristo. Era una conversión ideal. La persona en cuestión había estado buscando a Dios durante semanas y estaba maduro para llegar al arrepentimiento y la fe en Jesucristo. Fue una experiencia conmovedora verle encontrar la libertad y el gozo en el Espíritu Santo. Dos años después, cuando volví a visitar aquella zona, pregunté por Tom. Descubrí que dos semanas después de haberle llevado yo a Cristo, un grupo de cristianos intolerantes, políticos, y anticatólicos le tomó bajo su protección, procediendo a iniciarle en una forma de cristianismo que era profundamente inadecuada y sumamente hostil a las dimensiones vitales del Reino de Dios.

Llegados a este punto nos enfrentamos con serios dilemas. Podemos dejar al cristiano principiante en un vacío sin instrucción. Esto es como dejar a los bebés recién nacidos para que se alimenten sólos sin leche ni comida. Por otro lado, podemos abandonarle a ser iniciado a formas de vida cristiana que no tienen prácticamente nada que ver con el Reino de Dios. Esto es como dejar que nuestros hijos sean instruidos en formas de vida que son bárbaras e incivilizadas. Pero también podemos reconocer la necesidad de ampliar nuestra concepción de la evangelización para abrazar una forma de iniciación responsable y comprensiva. Esta es la única opción que se nos ofrece si queremos seguir a evangelistas modelo como Pablo o Wesley. Lo que es más, todos nosotros al embarcarnos en nuestro propio viaje de fe necesitamos una instrucción y ayuda básicas y fundacionales. Si la Iglesia no atiende a esto, otros lo harán. Por ello, volvamos a las dimensiones básicas de iniciación antes mencionadas.

LOS CREDOS

La llegada del Reino de Dios llevó a una revolución intelectual y teológica en el mundo antiguo. Los ingredientes básicos de aquella revolución fueron desarrollados, y espléndidamente expresadas en los concilios de la Iglesia antigua a lo largo de un período de varios siglos. Estos ingredientes fueron muy bien captados por los credos primitivos de la iglesia, y, en diversas formas, siguen presentes actualmente en los documentos constitucionales de las iglesias históricas. Así, su contenido se conserva en los Textos Históricos del Metodismo Británico, el Acuerdo de Unión de la Iglesia Metodista y en las páginas del Libro de Culto Metodista. Es imperativo que esta herencia intelectual sea transmitida en forma resumida a aquellos que están entrando en el Reino de Dios.

El mejor sumario conocido de la columna vertebral teológica de la herencia intelectual cristiana es el *Credo de los Apóstoles*.

Creo en Dios, Padre todopoderoso,
creador del cielo y de la tierra.
Creo en Jesucristo, su único Hijo, nuestro Señor,
que fue concebido por obra del Espíritu Santo,
y nació de María Virgen,
padeció bajo el poder de Poncio Pilato,
fue crucificado, muerto y sepultado,
descendió a los infiernos,
al tercer día resucitó de entre los muertos,
subió a los cielos,
y está sentado a la derecha de Dios,
         Padre todopoderoso.
Desde allí ha de venir a juzgar a vivos y muertos.

Creo en el Espíritu Santo,
la Santa Iglesia Católica,
la comunión de los santos,
el perdón de los pecados,
la resurrección de la carne
y la vida eterna.

Otro sumario se halla en el *Credo Niceno*, el único credo que ha sido aprobado por un concilio universal de la Iglesia.

Creo en un solo Dios,
        Padre todopoderoso,
        Creador del cielo y de la tierra,
        de todo lo visible y lo invisible.
Creo en un solo Señor, Jesucristo,
        Hijo único de Dios,
        nacido del Padre antes de todos los siglos:
        Dios de Dios,
        Luz de Luz,
        Dios verdadero de Dios verdadero,
        engendrado, no creado,
        de la misma naturaleza del Padre,
        por quien todo fue hecho;
        que por nosotros, los hombres,
        y por nuestra salvación
        bajó del cielo,
        y por obra del Espíritu Santo
        se encarnó de María, la Virgen,
        y se hizo hombre;
        y por nuestra causa fue crucificado
        en tiempos de Poncio Pilato;
        padeció y fue sepultado,
        y resucitó al tercer día, según las Escrituras,
        y subió al cielo,
        y está sentado a la derecha del Padre;
        y de nuevo vendrá con gloria
        para juzgar a vivos y muertos,
        y su Reino no tendrá fin.

Creo en el Espíritu Santo,
Señor y dador de vida,
que procede del Padre y del Hijo,
que con el Padre y el Hijo
recibe una misma adoración y gloria,
y que habló por los profetas.
Creo en la Iglesia,
que es una, Santa, Católica y Apostólica.
Confieso que hay un solo bautismo
para el perdón de los pecados.
Espero la resurrección de los muertos
y la vida del mundo futuro.

Técnicamente hablando, no hay muchas diferencias entre estas expresiones clásicas de la herencia intelectual cristiana. Lo que importa en el contexto actual es que uno de ellos se entregue a aquellos que se unen a la Iglesia y entran a formar parte del Reino de Dios. Las razones de esta proposición son tanto positivas como negativas.

Para empezar, el cristiano que comienza su itinerario de fe necesita una buena síntesis fundamental de la fe cristiana. Necesita una visión general de la cosmovisión cristiana. Ésta es proporcionada por los credos clásicos de la Iglesia lo cual no es ningún accidente, ya que los credos primitivos fueron desarrollados para su uso en el contexto del bautismo cristiano. Capacitaban al joven cristiano para captar la estructura intelectual fundamental de la mente cristiana, distinguiéndola de las muchas opciones que estaban disponibles en el mercado de ideas del mundo antiguo. En el mundo moderno nos enfrentamos a una intensa competición por los corazones y las mentes de la gente. Aquellos que se unen a la Iglesia cristiana merecen tener acceso a la comprensión de la Iglesia que fue formada y moldeada en respuesta a la acción misteriosa de Dios tanto en la historia como en su seno.

Fíjate en este momento en la concisión de los credos. Se pueden escribir en una postal. No son un tratado teológico amplio ni complicado. Evitan en lo posible un fuerte uso de jerga técnica, filosófica o teológica. Se centran en lo que Dios ha hecho a través de Jesucristo, en la inauguración del Reino de Dios sobre la tierra. Expresan aquello que los antiguos cristianos sentían cuando reflexionaban sobre las consecuencias intelectuales de la venida del Reino de Dios en Jesucristo. A través de los años han resistido la prueba del tiempo, y claramente encarnan lo que la Iglesia como tal ha encontrado esencial para su existencia a lo largo de la historia.

En el lado negativo, las alternativas a los credos clásicos de la Iglesia no son muy atractivas. Algunos preferirían dejar que los jóvenes cristianos lo fuesen descubriendo todo por su cuenta, partiendo de cero. Esto, sencillamente, no es realista, ya que la gente, por cuenta propia, se dirigirá a su evangelista televisivo favorito o a quienquiera que tenga más cerca y adoptará lo que puedan ofrecerles como sustituto. Y es que la fe de la Iglesia no es el producto de nuestros propios esfuerzos teológicos. Es la obra de toda la Iglesia encarnada en su tradición intelectual.

Otros buscarán hacer de una doctrina de las Escrituras o de una breve lista de los fundamentos básicos la alternativa a los credos clásicos de la Iglesia. Esto es especialmente popular en los círculos fundamentalistas o entre las iglesias y movimientos llamados no denominacionales.

Esto es profundamente erróneo, ya que por lo común la visión de las Escrituras o su lista de de doctrinas fundamentales son producto de movimientos sectarios dentro del protestantismo moderno, más que algo católico o ecuménico en visión y contenido. Lo que es más importante, ofrece un tipo de credo equivocado porque su centro no está en Dios, en Jesucristo, y en el Espíritu Santo, sino en una complicada explicación del origen de la Biblia. Como metodistas estamos en la corriente principal de la tradición intelectual cristiana clásica, y es por ello correcto que transmitamos sus símbolos centrales de fe a las generaciones futuras en vez de un sectarismo carente de la herencia cristiana.

Al entregar el credo es importante tener en cuenta los siguientes puntos generales.

1. El credo nunca pretendió explicar exhaustivamente la herencia intelectual cristiana. Por un lado, la iglesia siempre

ha insistido en que ninguna forma de discursi capta adecuadamente la verdad sobre Dios y la obra de Dios en la salvación. Por otro lado, ha reconocido que el credo es parte de un cuerpo de tradición más amplio, expresado en la continua reflexión teológica dentro de la comunidad cristiana. Por ello el credo nunca es considerado como la última y única palabra de la doctrina cristiana. Es, no obstante, la primera palabra, y proporciona un núcleo irreductible de enseñanza cristiana.

2. Paralelamente al credo, la Iglesia ofrece las Santas Escrituras como norma y fuente central de su enseñanza. Al hacer esto, entrega una vasta gama de material, que actúa como un tipo de mapa de carreteras, indispensable para ayudar a crecer en gracia y a encontrar su camino hacia la tierra prometida. Al desarrollar un canon de las Escrituras la Iglesia nunca pretendió que fuera excluyente. La Iglesia también desarrolló sus credos para que actuasen como resumen vital del significado fundamental de la acción de Dios expuesta en las Escrituras. Las Escrituras y el credo, por ello, deben permanecer unidos; deben ser recibidos y entregados como dones preciosos de Dios a la comunidad cristiana.

3. En la recepción del credo, importa menos el entendimiento de todo su contenido, que una apreciación del credo como manifiesto intelectual y fundamento sólido de la comunidad cristiana. Comprender y adoptar el credo como el fundamento de nuestra vida y pensamiento es un proceso continuo. Este es el motivo por el que se recita tan a menudo en la liturgia y su contenido surge una y otra vez en los himnos de la iglesia.

Lo que está en juego aquí es un entendimiento del contenido intelectual de la tradición cristiana, junto con la disposición que permite al Espíritu Santo sanar y redimir nuestra mente. El anti-intelectualismo no tiene lugar en la comunidad cristiana. Éste, a veces, toma formas extrañas. Puede tomar la forma de una oposición a todos los credos como si fueran una barrera a la libertad intelectual, lo cual, finalmente, lleva al caos y la confusión intelectual. O puede tomar la forma de un fundamentalismo dogmático que no deja lugar a la tradición en la vida de la mente. Esto lleva a un estrechamiento de la visión cristiana y a la adopción de una fijación sectaria como característica del pensamiento cristiano. Los metodistas, para bien o para mal, han escogido viajar por la carretera principal de la historia cristiana; es esencial que sus miembros a través de las generaciones tengan la oportunidad de hacer el mismo viaje. Recibir los credos clásicos de la Iglesia es el primer paso en nuestro viaje por la carretera principal.

LOS DONES ESPIRITUALES

Al entrar en el Reino de Dios, uno entra, a nivel espiritual, en una experiencia del Espíritu Santo comparable, a nivel físico, con nuestra imnersión en agua. Juan el Bautista profetizó esto cuando declaró que él bautizaba con agua pero que el Mesías venidero bautizaría a la gente con el Espíritu Santo y con fuego (Lucas 3:16). Esta es una dimensión extremadamente importante de nuestra iniciación en el Reino de Dios. Si no tratamos esta cuestión, los cristianos serán privados de una fuente vital de gracia y poder, tanto en su vida diaria como en sus ministerios dentro de la iglesia.

No hay duda de que hay una clara relación entre la venida del Espíritu Santo en Pentecostés y el amanecer de la nueva era del Reino de Dios. Una de las señales de reconocimiento de la presencia del Reino son las manifestaciones del poder del Espíritu Santo. Esto es evidente en el ministerio de Jesús. Sus milagros, sus exorcismos, sus sanidades, su asombroso discernimiento, y su visión profética y exposición retórica en forma dramática revelan la presencia del Espíritu Santo en su vida y obra. Ese mismo poder se manifiesta en las vidas de los primeros discípulos tanto en Pentecostés como posteriormente. Su hablar en lenguas, su claridad al predicar el evangelio, sus milagros, sanidades, y exorcismos, y su discernimiento profético muestran que estaban experimentando el mismo poder invisible del Espíritu Santo que estaba en acción en el ministerio de Jesús.

Los cristianos modernos no han sabido qué hacer con esta dimensión de la presencia del reino de Dios. Algunos se avergüenzan de su presencia en las Escrituras y en la historia de la Iglesia. Algunos argumentan que sólo tenía una función limitada en la historia de la Iglesia, por lo que dejaron de existir en algún momento entre el fin del primer siglo y el cuarto. Algunos aceptan la posibilidad de estos fenómenos pero los tratan como marginales y anormales. Algunos rechazan este material como legendario y mítico, tratándolo como el producto de una mentalidad del primer siglo y no científica.

En mi opinión, ninguna de estas alternativas es satisfactoria. Estoy totalmente de acuerdo con Wesley en que estas manifestaciones del Espíritu Santo fueron dadas a la Iglesia para todos los tiempos. Es obvio, desde un cuidadoso estudio de la historia, que nunca se extinguieron totalmente. Dejan de existir debido a nuestra incredulidad y nuestro escepticismo. Cuando buscamos la plenitud del Reino de Dios entre nosotros, se convierten en parte normal del ministerio cristiano. Por ello, siguen ocurriendo una y otra vez en la historia de los despertamientos y avivamientos religiosos, y actualmente surgen en el Tercer Mundo entre aquellos cristianos que no están dominados por el escepticismo de occidente.

En otras palabras cuando el pueblo de Dios busca y entra en un nuevo derramamiento del Espíritu Santo, el Espíritu Santo busca invariablemente hacer accesibles recursos para el ministerio, que vayan mas allá del mero cultivo de nuestros talentos y dones naturales. Al ser sumergidos, bautizados, y llenados con el Espíritu Santo, experimentamos la dinámica y la variedad de manifestaciones del Espíritu Santo en la Iglesia y en nuestra obra por Cristo en el mundo. Entrar naturalmente y sin alharacas ni sentimentalismos en la plenitud de las obras del Espíritu Santo, es el derecho del nacimiento de cada persona que entra en el Reino de Dios, inaugurado por Jesucristo.

Las discusiones teológicas acerca de cómo entender la obra exacta del Espíritu Santo en nuestras vidas son un asunto secundario. Por ello, muchos siguen la sugerencia de Wesley de que muchos cristianos experimentan una separación entre su experiencia de seguridad y perdón y su experiencia de otros aspectos de la obra del Espíritu Santo. Hay mérito en esta perspectiva ya que generalmente nos lleva tiempo llegar a aceptar todo lo que Dios quiere hacer en nuestras vidas. Pero Wesley se resistía a fijar un patrón rígido para todos, y rehusaba ser dogmático sobre el modo y tiempo de la obra del Espíritu Santo. Lo que importa es que nos demos cuenta de que al final los cristianos reciben un sólo don, es decir, el don del Espíritu Santo, mientras que descubrir todas las implicaciones de la recepción del Espíritu Santo es un proceso, que no puede ser impuesto a la gente.

Al tocar este tema en el contexto de la iniciación, sería util tener en cuenta las siguientes consideraciones.

1. El «quid» de la cuestión es que los cristianos son comisionados por su bautismo a participar en el ministerio general de la Iglesia y que les es dado el Espíritu Santo para realizar ese papel en la Iglesia y en el mundo. Aquellos que entran en el Reino deben reconocer esto con gratitud. Son elegidos para ser agentes del Reino de Dios; no deben sólo sentarse en los bancos y escuchar los sermones; son llamados al ministerio complejo y diverso del Cristo resucitado, por medio de su cuerpo, la Iglesia.

2. Se debe dar una instrucción específica sobre las manifestaciones del Espíritu Santo expuestas en los pasajes bíblicos relevantes, tales como Romanos 12, 1ª Corintios 12-14, y Efesios 4. A esto se le puede unir una enseñanza relevante sobre la persona del Espíritu Santo y la obra del Espíritu Santo en la Iglesia y el mundo.

3. Es útil organizar talleres o sesiones de formación que ayuden a aquellos que están siendo iniciados a discernir y obrar con las manifestaciones del Espíritu Santo. Inicialmente esto puede parecer un tanto amenazador para algunas personas, pero no existe substituto para la experiencia de primera mano, inicialmente como observador y después como participante.

4. Es de esperar que la gente tenga dificultad a veces en llegar a aceptar este aspecto de la iniciación al Reino de Dios. Puede costar toda una generación o más para que la iglesia actual comprenda y acepte lo que hasta recientemente ha sido desechado como periférico y extraño. Muchos teólogos aún no han alcanzado los nuevos aires del Espíritu que soplan en la Iglesia universal. Pero es vital que la Iglesia retenga la plenitud de la obra del Espíritu Santo y que esto sea transmitido a las generaciones venideras de cristianos. Finalmente no hay buenas excusas para la inactividad en esta área.

LAS DISCIPLINAS ESPIRITUALES

Es fácil salirse del camino en nuestra vida espiritual. Durante toda su vida, los creyentes de todos los grados de madurez y entendimiento, se enfrentan al asalto desde el mundo, la carne, y el diablo. Por esta razón la Iglesia proporciona una gama de disciplinas espirituales que ofrecen sustento, fuerzas, y recursos para resistir la maldad. Donde éstas sean descuidadas, los cristianos se tambalearán y caerán en pecado. Es imperativo que aquellos que entran en el Reino de Dios reciban estas disciplinas y que aprendan a utilizarlas con eficacia.

Wesley se refería a estas disciplinas como medios de gracia. Las entendía como canales regulares u ordinarios que Dios utiliza para transmitir su gracia a las almas de hombres y mujeres. Sostuvo como el principal de estos medios la oración, ya fuese en secreto o en público, buscando en las Escrituras (que para Wesley implicaba leer, oír y meditar en ellas), y recibiendo la Cena del Señor, comiendo el pan y bebiendo el vino en memoria de Cristo. Al insistir en el uso de los medios de gracia, Wesley estaba rechazando las proposiciones de aquellos que veían las normas externas como meramente decorativas o incluso como algo dañino para la propia vida espiritual. Wesley, por supuesto, discutía vehementemente que los medios de gracia debían ser enfocados de modo correcto y con el espíritu correcto, pero esto no disminuía de ninguna manera su convicción sobre su papel positivo en el sostenimiento de la vida de fe.

Los metodistas han seguido a Wesley en este aspecto. De hecho, de ahí adquirieron su nombre, pues el término «metodista» era sencillamente una etiqueta que se les atribuyó debido a su metódica atención a los medios de gracia. A lo largo de los años han cultivado las disciplinas espirituales clásicas con entusiasmo. Originalmente era costumbre que todos los predicadores ayunasen los miércoles y viernes hasta las 3.00 p.m. En tiempos modernos, la lista de disciplinas que Wesley utilizaba ha sido extendida hasta incluir la gama total de disciplinas que pueden ser encontradas en la Iglesia universal. Este es un desarrollo muy sano, aunque debemos tener cuidado de no desatender las disciplinas básicas tales como el ayuno, la oración, la lectura de las Escrituras, y la participación en la eucaristía. Es mejor obtener dominio sobre las disciplinas fundamentales, que ocuparse superficialmente en una multitud de ellas.

Aplicado al contexto de la iniciación, es útil considerar los siguientes puntos.

1. Aunque hay que facilitar la instrucción que cubre toda la gama de disciplinas espirituales, es mejor concentrarse en las disciplinas fundamentales de la oración, el ayuno, el estudio de las escrituras, y la participación en la eucaristía. Hay tiempo suficiente durante el largo itinerario espiritual para aprender a utilizar todas las disciplinas. Al principio es mejor concentrarse en unas pocas de las disciplinas y utulizarlas en profundidad.

2. Es aconsejable desarrollar alguna forma de responsabilidad en la práctica actual de las disciplinas espirituales. Sencillamente no es suficiente sólo saber lo que son las disciplinas y por qué son importantes. Es vital que los iniciados aprendan a orar, ayunar, leer las escrituras, y cosas similares. Esto, para ser eficaz, requiere tiempo y respuesta desde la experiencia personal del principiante. Aquí hay lugar para el uso de los pequeños grupos bien planeados. Es especialmente afortunado para la persona que está

iniciándose, que pueda encontrar un buen director espiritual para establecerse en el uso de las disciplinas.

3. Es importante destacar una vez más que la entrada al Reino no se obtiene por medio del uso de las disciplinas espirituales. Uno obtiene la entrada al Reino, pura y solamente, por medio de la gracia y la misericordia. El dominio de las disciplinas espirituales no hace de uno una clase de cristiano superior que puede mirar por encima del hombro a los demás. Las disciplinas espirituales son simplemente canales de la gracia de Dios, dadas a nosotros como un baluarte contra la tentación, el pecado, la negligencia, y el sinsentido. Deben ser utilizadas sólo como un medio para buscar a Dios y desarrollar nuestra relación con él.

CONCLUSIÓN

En los últimos dos capítulos hemos explorado lo que implica el llegar a estar fundamentados en el Reino de Dios. La meta de este proceso no es la de imponer una gama de pesadas cargas so-bre aquellos que vienen a Cristo. Ni de ninguna manera tiene la intención de excluir a nadie del Reino. La meta es la de ser fiel al significado de la inauguración del Reino de Dios, tal como está manifestado y realizado en la historia. Las dimensiones que he identificado no pueden ser ignoradas si queremos hacer la mínima justicia a la venida del Reino de Dios entre nosotros. Si descuidamos esto en nuestra evangelización, entonces nuestro ministerio estará irremediablemente incompleto. Es más, habremos acumulado problemas sobre nosotros mismos y sobre aquellos a quienes hemos pretendido introducir en las riquezas de Cristo.

Lo que también está en juego es un equilibrio genuino en nuestras vidas espirituales. Demasiada evangelización da como resultado abortos espirituales, o apadrina el desarrollo de cristianos lisiados que se quedan a las puertas de los privilegios y las responsabilidades dadas a nosotros en el Reino. Piénsalo de este modo: si insistimos, digamos, sólo en el nuevo nacimiento y la conversión, obtendremos cristianos que son nacidos de nuevo pero que son moralmente débiles, anti-intelectuales, e ineficaces en el ministerio. Si insistimos, digamos, sólo en la creencia en los credos, tendremos cristianos intelectualmente despiertos, pero espiritualmente muertos. Si insistimos, digamos, solamente en el bautismo y en el uso de las disciplinas espirituales, tendremos cristianos que son religiosos exteriormente, pero interiormente inseguros de su salvación e intelectualmente confusos. Si insistimos, digamos, sólo en los dones espirituales, tendremos cristianos activos faltos de entendimiento y amor. Si insistimos, digamos, sólo en la adopción de la ética cristiana, obtendremos cristianos rectos moralmente y farisaicos pero espiritualmente ciegos e intelectualmente mal formados.

Aquellos que pretenden entrar en el Reino de Dios merecen tener acceso a todas las riquezas del evangelio. Cuando intentamos llevar a cabo un ministerio de evangelización que abarca todo esto, estarmos desarrollando la herencia de los metodistas, de un modo que construye creativamente en nuestra búsqueda de la perfección cristiana.

Si esto se lleva a cabo correctamente significará finalmente, que tendremos que establecer de nuevo el catecumenado en la vida de la Iglesia. El catecumenado fue, originalmente, un proceso de instrucción que era requerido de todos aquellos que querían formar parte de la Iglesia. Al extenderse el cristianismo al territorio gentil, se convirtió en algo fundamental establecer un lapso de tiempo para que los conversos asimilasen las bases del cristianismo. Inteligente y prudentemente empleada, tal institución podría abordar todas las dimensiones de iniciación que hemos estudiado aquí.

Preguntas

1. ¿Cómo resumirías el contenido intelectual de la fe cristiana?

2. ¿Cuál es el lugar de los credos clásicos en la vida de la Iglesia de hoy?

3. ¿Por qué es importante un sumario de la fe para el cristiano principiante?

4. ¿Cómo capacita el Espíritu Santo para el ministerio?

5. ¿Cómo podemos hacer que la idea de ministerios laicos llegue mejor a los que se unen a la comunidad cristiana?

6. ¿Cuáles son los medios de la gracia? ¿Cuántos piensas que hay? ¿Son algunas disciplinas espirituales más importantes que otras?

7. ¿Cuál es el mejor modo de instruir a los nuevos conversos sobre las disciplinas espirituales?

8. Al repasar los dos últimos capítulos, fija un proceso de iniciación que fundamentaría a la gente en las seis dimensiones de iniciación descritas arriba. Asegúrate de que haces justicia a todas las dimensiones mencionadas. También sé versátil y creativo en el tiempo asignado, los medios que deben ser utilizados, los líderes que se necesitarán, y otras cuestiones similares. Considera cómo las formas actuales de formación de miembros, retiros espirituales y talleres actualmente utilizados pueden ser incorporados al proceso.

9. A la luz de tu discusión y reflexión, ¿qué pasos concretos y específicos deberías dar para materializar tus convicciones en el ministerio de la evangelización en tu iglesia?

Capítulo 7

DE LA TEORÍA
A LA PRÁCTICA
DE LA EVANGELIZACIÓN

UN BREVE REPASO

Como ya mencioné al principio, mi meta en el desarrollo de este libro es ayudar a las congregaciones locales a meditar y desarrollar una visión responsable y coherente de la evangelización dentro de su situación específica. Ahora debemos pararnos un momento y revisar el recorrido que hemos cubierto. También debemos decir algo sobre la motivación en la evangelización.

PERSPECTIVAS PARA EL FUTURO

Las perspectivas para la renovación en el campo de la evangelización en esta generación actual son extraordinariamente altas. Como resultado de su compromiso con la Década de Evangelización en Gran Bretaña, la iglesia metodista está bien situada para llegar a ser una fuerza vital para la evangelización de ese país en el futuro. Varias consideraciones apoyan esta aseveración. Primero, hay una amplia preocupación sobre el declive de la denominación. Parte de esto es, sin lugar a dudas, debido a cierto egoísmo y al pánico; por ello, para salvar la institución hay una tendencia inmediata a adoptar en la iglesia cualquier estrategia de crecimiento que tengamos a mano. De cualquier modo, mi impresión es que los metodistas irán mas allá de esta reacción natural a las malas noticias sobre el declive, y buscarán, por la gracia de Dios, encontrar algo más que simples estrategias para inflar los números.

En segundo lugar, la última Conferencia General dejó claro que el metodismo se siente impaciente por recuperar los grandes te-mas y doctrinas intelectuales que no sólo le dieron identidad a lo largo de los años, sino que en parte le capacitaron para llegar a ser un agente sorprendente de evangelización en anteriores generaciones

La evangelización auténtica debe estar arraigada en la enseñanza cristiana auténtica sobre el evangelio. No puede sobrevivir en un vacío teológico, ni puede existir mucho tiempo en comunidades que sueltan sus amarras de la fe tradicional de la Iglesia. A veces los metodistas han sido increíblemente ignorantes sobre sus propias raíces e identidad teológicas. Otras veces han fomentado concepciones románticas e ingenuas de su iglesia como el bastión de una inacabable reconstrucción teológica. Como teólogo aprecio la libertad y creatividad de nuestra tradición, pero agradezco la preocupación actual, que se manifiesta en muchas partes por recobrar y renovar nuestra interpretación clásica de la tradición cristiana. Sin esto, estamos destinados a ofrecer al mundo piedras cuando pide pan.

Así pues, nuestra primera tarea ha sido detenernos para evaluar nuestras perspectivas en el campo de la evangelización. Y mi conclusión es que, ya que los recursos están ahí, deberíamos tener el valor de utilizarlos con estilo y entusiasmo. Cada iglesia local necesita sentarse y sopesar con clma sus posibilidades en el terreno de la evangelización. Al hacerlo, debería recordar que la evangelización es un ministerio que sólo será eficaz si es animado y avivado por el viento del Espíritu Santo. Solamente el Espíritu Santo puede proporcionar la energía, inspiración, compasión, y visión que son esenciales a las formas responsables de la evangelización.

CLARIFICACIÓN DE LAS OPCIONES

Otra dimensión crucial de nuestros propósitos es que necesitamos clarificar nuestras convicciones fundamentales sobre la naturaleza de la evangelización. Las opciones que enfrentamos son claras. Podemos, por ejemplo, centrarnos en el testimonio, la proclamación, o el crecimiento de la iglesia como núcleo de nuestro ministerio evangelístico. Obviamente, podemos aprender de aquellos que han insistido en estos temas como lo más importante. Espero que aquellos que están comprometidos con estas alternativas lleven sus intuiciones y preocupaciones al resto de la comunidad para su asimilación y acción. Pero estoy convencido de que, en realidad, el tema es cómo relacionamos la evangelización con la llegada del Reino de Dios. Este fue el horizonte principal de la iglesia primitiva y era absolutamente fundamental para el ministerio de Cristo. Sugerí, por ello, que la meta de la evangelización debería ser fundamentar a la gente en la dinámica del Reino de Dios, hecho posible por la actividad del Espíritu Santo, y manifestado e inaugurado en la vida, muerte, y resurrección de Jesucristo. Esta es una manera razonable de comprender las obras de nuestras madres y padres en la tradición metodista, y es un modo fructífero de concebir la evangelización para nuestro contexto actual.

LA IMPORTANCIA DE LA INICIACIÓN

En consecuencia, la expresión clave a comprender es la de la iniciación genuina al Reino de Dios. Deberíamos entender la evangelización como el grupo de acciones dirigidas a la iniciación de la gente al reino de Dios. Cualquier cosa que hagamos que esté dentro de los límites de esta meta, debería ser considerada como evangelización. Esto puede incluir desde una conversación tranquila con un vecino, prestar un buen libro sobre el significado del cristianismo a un amigo, hasta el llamamiento apasionado para aceptar a Jesús como Señor y Salvador, o hasta la instrucción dada en una clase de confirmación, etc. La evangelización, por ello, requerirá de nosotros creatividad y destreza. No es un hecho único, como dar un beso o firmar un cheque. Es un variado conjunto de actividades como la agricultura o la enseñanza.

Esta es una razón de por qué un sólo programa en la iglesia local no puede hacer justicia a las demandas que nos impone la evangelización. Lo que se necesita es una compleja trama de acciones y programas que, unidos, constituyan el ministerio de evangelizador entre nosotros. Es también debido a esto por lo que la evangelización no puede ser puesta sobre las espaldas del pastor o unos pocos laicos deseosos de evangelizar. Debe ser tomada como una responsabilidad de la iglesia en su totalidad. Cada creyente tiene un papel que jugar en la iniciación y el sostenimiento del ministerio de evangelización. Para expresar esto en términos bíblicos, cada cristiano está llamado a echar una mano para que se cumpla el último mandato que Cristo dio a los primeros apóstoles.

EL CORAZÓN DEL EVANGELIO

Esencial a este proceso es la habilidad de resumir el evangelio en forma aceptable. D.L. Moody, por ejemplo, tenía un sencillo resumen que se identificaba de esta manera: creía en la ruina por la caída, la redención por la sangre de Cristo, y la regeneración por el Espíritu Santo. En el metodismo irlandés de la última generación a menudo nos referíamos a lo esencial de la fe de este modo: creemos que todos hemos pecado, que todos pueden ser salvados de sus pecados, que todos pueden saber que son salvos.

Tomados por sí mismos y separados del material más amplio de doctrina y tradición cristiana, estas síntesis darían ideas falsas y equivocadas. No obstante, utilizados de modo correcto son cruciales, ya que la mayoría de la gente no tiene tiempo ni ganas de escuchar un largo tratado teológico.

En el desarrollo de nuestros resúmenes del evangelio es vital ser fiel al corazón del mensaje del Nuevo Testamento. Éste se centra en las buenas nuevas de la inauguración del Reino de

Dios en la vida, muerte y resurrección de Jesucristo. Al final el evangelio es Jesucristo ya que no es ni más ni menos que Dios encarnado y presente en la tierra. En él vemos el Reino de Dios manifestado entre nosotros. Por su muerte nos ha reconciliado con Dios, y por su resurrección ha quebrantado los poderes de la oscuridad. Por medio del Espíritu Santo, actúa ahora para liberar a toda la creación y establecer una comunidad para dar testimonio del evangelio.

LA IMPORTANCIA DE COMPARTIR LA FE

Que la evangelización sea un ministerio constituido por múltiples acciones no implica que no podamos destacar algunas acciones como especialmente características de aquellos que están comprometidos con este ministerio vital. Al igual que hay hechos característicos que ejecutan los granjeros en sus granjas, hay cosas características que los obreros en la evangelización hacen cuando evangelizan.

Un elemento característico en la evangelización es el de compartir la fe. Los evangelistas, ya sean laicos u ordenados, se encontrarán una y otra vez compartiendo con otros las buenas nuevas del Reino de Dios. Por eso le dedicamos un capítulo completo.

Los miembros de la iglesia deben poder hablar con otros de Jesucristo y de lo que ha hecho por ellos y por toda la creación. Inicialmente esto puede dar miedo y parecer embarazoso, pero si se lleva a cabo primeramente entre amigos y conocidos creyentes, entonces se puede transferir fácilmente a los círculos de relaciones a los que cada uno pertenece.

Es más, aquellos que han sido separados para el ministerio de la iglesia deben ser capaces de presentar las bases fundamentales del evangelio con claridad, ingenio, y gracia. Este es un talento que puede ser fomentado y desarrollado, siendo, a la vez, bañado por la unción del Espíritu Santo. También debe haber un espacio en la vida de la iglesia para mantener la predicación misionera, preparando cultos cuidadosamente encaminados a la presentación del evangelio a creyentes nominales y a los no creyentes. De hecho toda clase de caminos deberían ser explorados para asegurar que el evangelio del Reino está siendo anunciado con la misma regularidad que las noticias de la noche.

MÉTODOS DE EVANGELIZACIÓN

Otro grupo de actividades, que es parte integral en la iniciación de la gente al Reino de Dios, está íntimamente relacionado con las seis dimensiones que son claramente indentificables una vez que comenzamos a definir lo que realmente significa la iniciación. No tiene sentido hablar de iniciación al Reino de Dios sin tratar la conversión, el bautismo, los fundamentos de la moralidad cristiana, los credos clásicos de la Iglesia, los dones espirituales, y las disciplinas espirituales. Aquellos que han escuchado las buenas nuevas del Reino y se acercan con arrepentimiento y fe necesitan ser llevados a través del proceso que abarca con estos temas.

La conversión es importante ya que destaca el impacto de la llegada del Reino a nuestras historias personales. La entrada en el Reino significa que nunca seremos los mismos de antes. Se nos da la oportunidad de empezar de nuevo.

El bautismo es importante porque el Reino se da a una comunidad específica llamada Iglesia. Somos llamados a entrar a dicha comunidad, y el puerto de entrada es el sacramento de bautismo. Para poder asegurar que aquellos que son bautizados como bebés tienen fe genuina por sí mismos, vale la pena instituir la confirmación como un rito adicional de la Iglesia.

La ética cristiana también es importante. El Reino contiene una particular estructura moral que se resume espléndidamente en el gran mandamiento de amar a Dios y al prójimo. Uno no puede entrar en el Reino y rechazar sus tradiciones éticas.

De igual modo ocurre con los credos primitivos de la Iglesia. Éstos resumen de forma apropiada el contenido intelectual fundamental del impacto del Reino de Dios. Los cristianos primitivos estaban debidamente interesados en meditar sobre las implicaciones de su experiencia de Cristo y el Espíritu Santo. No podemos soltarnos de las amarras intelectuales que ellos fueron inspirados a establecer, mientras desarrollaban un canon de la Escritura y fijaban formas de disciplina en la comunidad para salvaguardar el tesoro del evangelio.

También es importante prestar atención a las obras del Espíritu Santo en el cuerpo. Los cristianos son ineludiblemente llamados a ser agentes del Reino. Para este fin necesitan encontrar su lugar en el ministerio general de la Iglesia y llegar a discernir las manifestaciones del Espíritu Santo entre ellos.

Finalmente, es importante que les sea dado a aquellos que entran en el Reino de Dios, acceso a las tradiciones de disciplina espiritual que han sido conservadas en los medios de gracia tradicionales. Deberían ser instruidos especialmente en los fundamentos de la oración, el ayuno, el estudio bíblico, y la participación en la Eucaristía.

Costará tiempo el que todo esto se incorpore al entramado de experiencias que forman un proceso unitario. Mi meta final es la de ver la institución del catecumenado establecido de modo apropiado en la Iglesia moderna.

En este momento no importa nada cómo llamamos aquello que hacemos. Lo que es vital es encontrar un método más allá de la mera proclamación y la conversión, para abrazar una visión de la evangelización que no quede satisfecha con otra cosa que no sea la incorporación del pueblo al Reino de Dios en la tierra.

LA CUESTIÓN DE LA MOTIVACIÓN

Es apropiado en este punto decir algo sobre la motivación. No es suficiente tener una visión; ni es suficiente establecer toda clase de seminarios, talleres, comités, y cosas similares; necesitamos salir con fe y poner manos a la obra.

¿Por qué debemos hacer esto? Hay multitud de razones. Dejadme que mencione sólo cuatro.

1. *La Iglesia necesita salir a evangelizar porque nuestro Señor resucitado nos ha ordenado llevar el evangelio hasta lo último de la tierra.*
Inicialmente podemos ver esto en el mandato dado a los doce. Se les dijo que fuesen a las ovejas perdidas de la casa de Israel, a predicar, diciendo que el Reino de Dios estaba cerca, y además debían sanar a los enfermos, resucitar a los muertos, sanar a los leprosos, y echar fuera demonios (Mateo 10:5-8). La misión a Israel fue una orden temporal. Tras la resurrección, se les dijo a los apóstoles que fuesen a todas las naciones e hiciesen discípulos. Cada uno de los evangelios recogen los detalles del último mandato de Cristo a su modo, pero la intención de Jesús está clara. La Iglesia debe llevar el evangelio a todo el mundo, hacer discípulos, y establecer comunidades cristianas (Mateo 28:16-20). Con el tiempo esto fue exactamente lo que la Iglesia primitiva hizo, a pesar de que inicialmente tuvo que ser la persecución la que les condujese fuera de Jerusalén para llevar el evangelio al mundo gentil.
Es cierto, hay tiempos en su historia en los que la Iglesia ha abandonado totalmente sus responsabilidades evangelísticas, o ha venido a ser hostil a este aspecto de su ministerio total. En ocasiones, la evangelización ha llegado a ser una clase de actividad subterránea, llevada a cabo por discípulos que tienen más celo que conocimiento. Esto, a su vez, puede desarrollar una indiferencia mayor dentro de las principales ramas de la tradición cristiana. Añade a esto nuestra propensión normal y humana a la holgazanería, desobediencia, timidez, temor, y egoísmo, y obtenemos explicaciones totalmente adecuadas para los fracasos de la Iglesia en este aspecto.
Pero la pasión por la evangelización nunca se ha extinguido por completo. Por ello el movimiento metodista puede ser entendido como un asombroso caso de estudio de la renovación del ministerio evangelístico de la Iglesia. Contra una fuerza superior, nuestros antepasados fueron llamados por el Espíritu Santo a redescubrir el evangelio y a

compartirlo con todo el mundo. Igualmente hoy día, hay sectores de la Iglesia que han rehusado abandonar este aspecto vital de la sucesión apostólica.

Una de las preguntas clave que debe responder la Iglesia Metodista en la próxima generación es si puede redescubrir sus responsabilidades evangelísticas en el mundo actual. Podemos estar seguros de una cosa: si no lo hace, entonces Dios utilizará a otros para encontrar a las ovejas perdidas y traerlas al Reino. Algunas veces nos gusta hacernos la pregunta: ¿Qué puede hacer la iglesia metodista para Dios en nuestro día y generación? La presunción es que somos los encargados, y que estamos en posición de decidir lo que Dios debería hacer en el ministerio de su Iglesia. Quizás sería mejor hacer una pregunta distinta: ¿Qué hará Dios con la iglesia metodista, a la luz de su intención de ver a todos llegar al conocimiento de la salvación? El profeta Ezequiel deja muy claro lo que les aguarda a los pastores y las ovejas que disfrutan de los beneficios del pacto con Dios, pero que rehusan compartir la preocupación de Dios de alcanzar a otros: Dios los apartará y, si hubiese necesidad, terminará el trabajo de otro modo (Ezequiel 34).

2. *La Iglesia necesita salir a evangelizar ya que al hacerlo la Iglesia misma se renueva constantemente en su fe y compromiso.*

Esto ocurre en multitud de formas. Para empezar, hay algo profundamente refrescante en el encuentro, vez tras vez, con aquellos que se convierten a Cristo y son introducidos en la comunidad cristiana. Hay gozo espontáneo e inocencia en las creencias y acciones del nuevo converso que recuerdan a los cristianos más maduros la belleza y la maravilla del evangelio.

En segundo lugar, al compartir el evangelio con otros la Iglesia vuelve de un modo regular a aquellos hechos y prácticas en las que están contenidos el corazón y el alma del evangelio. Nunca puede olvidar la roca de la cual ha salido ni el pan del que se alimenta constantemente.

En tercer lugar, el compartir el evangelio con otros fomenta un interés e interacción con el pensamiento y la vida de cada nueva generación. Por ello es regularmente retada a ser fiel en el servicio dentro de su contexto y situación específica. No puede permitirse estar sin conexión con Dios ni con aquellos a quienes busca alcanzar. Por ello la evangelización promueve un diálogo sano entre la Iglesia y el mundo y entre el pasado y el presente. Mantiene despierta a la iglesia, llevándola a sus raíces, pero haciendo esto sin permitir que se llegue a quedar anticuada o se sienta satisfecha.

3. *La iglesia necesita salir a evangelizar, ya que al hacer esto trae luz y esperanza a un mundo oscuro y caótico.*

Nuestras sociedades occidentales modernas se enfrentan a una profunda crisis en su andadura al futuro. Una multitud de acontecimientos ha quebrado la ilusión romántica de que podemos vivir sin Dios y sin los medios de la gracia dada a nosotros en la herencia cristiana. La expansión del secularismo en los pasados dos siglos no ha sido el cielo sobre la tierra que fue prometido por aquellos que sostenían que el cristianismo era obsoleto, y que creían de verdad que nuestro bienestar se hallaba en nuestros inventos y recursos. La avaricia, la violencia, el materialismo, el egoísmo, y la maldad en general que llenan el mundo son un testimonio amplio de que no podemos vivir sin el evangelio de Cristo. El mundo fue creado para amar y adorar a Dios y hasta que vuelva a aprender esta lección vital, sus perspectivas son sombrías en extremo.

Una mayor impotencia en la evangelización dentro de la Iglesia será desastrosa. El evangelio ofrece luz y esperanza a todos aquellos que se arrepienten y entran al Reino de Dios desplegado en y por medio de Jesucristo. Los cristianos de todas las denominaciones deben unirse, en un esfuerzo común, para recuperar la plenitud del Evangelio del Reino y participar en formas de evangelización que no se conformen con nada menos que con la llegada de la era que ha de venir entre nosotros.

El potencial para tal recuperación es genuino, pero de ningún modo es seguro. Será totalmente insuficiente conformarse con la promoción de las formas tradicionales de la religión civil, que son aún tan comunes entre nosotros. Ni servirá descansar satisfechos con los restos de los avivamientos que han barrido la nación a lo largo de los últimos cien años, aproximadamente. Necesitamos una unción fresca del Espíritu Santo y un intento determinado y paciente de desarrollar un ministerio de evangelización que hará justicia a todo lo que Dios ha hecho por el mundo a través de Jesucristo. Esto es lo mínimo que necesitamos para hacer frente al reto de esta hora.

4. *La iglesia necesita salir a evangelizar porque al hacerlo Dios es glorificado hasta lo último de la tierra.*
Nuestro fin como criaturas de un buen y amante Creador es amar a Dios y disfrutar de El por siempre. Esto no encaja bien en una cultura que mide todo con crudas varas de medir materialistas. Pero este es nuestro fin verdadero, y dentro de esto encontramos nuestra máxima felicidad y destino final. Mientras el evangelio es predicado y la gente es llevada prudente y amorosamente al Reino de Dios, Dios es glorificado y adorado. Nuestro Señor nos dice que los ángeles se regocijan cuando un pecador se arrepiente y se vuelve hacia Dios. Por lo que en nuestra evangelización no sólo vemos el cielo comenzando en la tierra, también podemos provocar que la corte celestial resuene en alabanza y gozo. Salgamos pues con denuedo y confianza a magnificar y glorificar a la Trinidad misteriosa.

Vecinos y amigos de Jesús acercáos:
Su amor condesciende con queridos títulos
Para llamarte e invitarte a comprobar su triunfo,
Y libremente deleitarte en el amor de Jesús.
El Pastor que murió para redimir a sus ovejas;
En todo lugar reunidos con Él,
Cansados y cargadós, la raza reprobada;

Y esperan ser perdonados a través de la gracia de Jesús.
Los ciegos son sanados en el nombre de Jesús;
Ven a su querido Señor, y siguen al Cordero;
Los cojos andan, corren la carrera;
Los mudos hablan de la gracia de Jesús.

Los sordos oyen su voz y su palabra de consuelo,
Les lleva a regocijarse en Jesús su Señor:
Tus pecados son perdonados, aceptado eres;
Escuchan, y el cielo surge en su corazón.
Los leprosos son limpios de todas sus manchas,
Los muertos por su llamada resucitan de su pecado;
En la compasión de Jesús los enfermos encuentran cura,
Y el evangelio de salvación es dado a los pobres.

Le buscan y le encuentran; piden y reciben
El Amigo de la humanidad, que les incita a creer:
En Jesús se aventuran, su don abrazan,
Y entran en su reino de gracia.
O Jesús, domina hasta que todo esté sujeto,
Su misericordia sea conocida, y derrama tu sangre;
Muestra tu salvación, y enseña la nueva canción
A cada nación, y pueblo, y lengua.

Preguntas

1. Resume las conclusiones fundamentales que has alcanzado sobre la naturaleza de la evangelización al completar tu estudio de este manual.
2. Si estuvieses reescribiendo este libro, ¿qué cambios harías? Envía una nota breve detallando tus sugerencias al autor.
3. ¿Qué te motiva a salir al mundo y participar en la evangelización?
4. La mayoría de las congregaciones tienen algunos miembros inquietos ante, u hostiles a la evangelización. ¿Qué puedes hacer para ganarles a un compromiso profundo con la evangelización?
5. ¿Qué puedes hacer para promover un ministerio sano de evangelización a nivel de barrio y ciudad?
6. Haz una lista de todo lo que se necesita hacer para realizar un ministerio completo de evangelización en tu iglesia local.
7. Haz un esquema con el programa y las estrategias que planeas adoptar para cumplir las tareas expuestas en la respuesta a la pregunta anterior.

APÉNDICES

Apéndice 1

LA DIRECCIÓN
DE UN TALLER SOBRE
CÓMO COMPARTIR LA FE

Es muy importante que cada iglesia local tenga un grupo de creyentes que sean capaces de compartir la fe sin excusas y sin aspavientos. Sería maravilloso si esto ocurriese espontáneamente. Algunas veces este es el caso en ciertos individuos. Tienen la clase de fe contagiosa que se derrama de forma natural en la evangelización personal. Como ya sabemos, no obstante, esta es la excepción más que la regla. Por ello es imperativo que cada iglesia desarrolle un taller sobre cómo compartir la fe, que sea sencillo y efectivo.

Dicho taller puede ser desarrollado por una congregación local si se fija como objetivo. En lo que viene a continuación expongo de forma esquemática lo que se puede hacer para poner en funcionamiento tal taller.

Comienza con un núcleo de personas que sean nombradas para aportar el liderazgo y la dirección del proyecto. Déjales reunirse para que puedan identificarse con los planes y su desarrollo. Fija con ellos el objetivo del taller sobre cómo compartir la fe. Lo que surja puede que se parezca a esto:

1) Mantén reuniones iniciales con el grupo planificador para meditar y planear el proyecto.
2) Tómate tiempo para correr la voz en la congregación y entonces comienza a invitar a cualquiera que esté interesado en apuntarse al taller. No te preocupes por la falta de interés

o la vergüenza. Sigue adelante con un entusiasmo y esperanza sosegados.

3. Fija la primera parte del taller en una tarde apropiada. Tal vez el domingo por la tarde sea adecuado.

   i. Haz que alguien dé un resumen sobre las formas en las que los cristianos comparten su fe. La meta aquí es la de mostrar que los cristianos pueden compartir su fe en multitud de formas. Llegaremos a la forma verbal de compartir la fe en breve; lo que inicialmente importa es que la gente se dé cuenta de que ya está compartiendo su fe. Lo que va a ocurrir es en realidad una prolongación de esto. Esto ayuda a poner las cosas en perspectiva. Los siguientes modos de compartir la fe pueden ser abordados en la presentación:
   a. Compartir la fe con la forma de vida de cada uno.
   b. Compartir la fe con música y canciones.
   c. Compartir la fe repartiendo buena literatura cristiana.
   d. Compartir la fe apoyando la obra de la Iglesia en su ministerio variado.
   e. Compartir la fe enseñando en una clase de escuela dominical.
   f. Compartir la fe invitando a un vecino a la Iglesia.
   Si así fuese necesario, deja que el grupo se divida en pequeños grupos y que compartan las muchas maneras en las que se puede compartir la fe.

   ii. Explica que una de las formas mas poderosas de compartir la fe es por medio de la palabra hablada. Indica por qué es esto tan importante. Se puede hacer destacando las limitaciones de las otras formas de compartir la fe e identificando las ventajas de la palabra hablada. Esto debe ser realizado detalladamente para que aquellos que escuchen queden convencidos.

   iii. Haz la sugerencia de que hay dos modos distintos de enfocar el compartir la fe de palabra:
   a) Compartir el contenido del mensaje del evangelio con otros. Este es el más difícil y será dejado a un lado de momento.

b) Compartir el esquema de nuestro peregrinaje de fe hasta la fecha. Este será el enfoque del taller.

iv. Ahora toma el tema de compartir nuestro peregrinaje de la fe. Indica que estos varían enormemente. No hay un patrón bueno o malo de los peregrinajes espirituales. Característicamente podemos discernir algunos patrones comunes que ayudarán a los presentes a encontrar un modelo que encaje en su experiencia. Indica en este punto muy brevemente los dos patrones que serán utilizados. Los patrones alternativos son similares a lo que sigue:

PATRÓN A: Lo que era mi vida antes de conocer a Cristo.
Cómo llegué a saber de Cristo.
Cómo conocí a Cristo.
Lo que Cristo significa ahora para mí.

PATRÓN B: Cómo ha sido el crecer en la fe desde mi infancia.
El momento en mi vida en el que me di cuenta de que Cristo era vital para mí.
Lo que Cristo significa ahora para mí.

Llama la atención sobre el hecho de que el Patrón B es tan significativo como el Patrón A.

v. Deja que la persona encargada o que presenta el material tome cinco minutos para compartir su propio peregrinaje de fe con el grupo.

vi. Termina indicando que la meta del taller es la de ayudar a los participantes a compartir su fe con el resto del grupo que está presente. Con ese fin distribuye una hoja de papel con instrucciones sobre cómo compartir su fe con otros. (Consulta, si necesitas ayuda en este punto, G. Howard Mellor, *The Good News Works (La Buena Noticia en Marcha)*, pp. 12 y 13). Asegúrate de que las instrucciones son claras. Suministra una lista de lo que se debe hacer y lo que no en el arte de compartir la fe. También indica lecturas que puedan ser útiles entre ese momento y la siguiente sesión.

4. Fija la segunda parte del taller para otro día, digamos, el sábado por la mañana.

i. Comienza con música apropiada, oración y devocional.

ii. Deja que el líder repase cuidadosamente los posibles patrones de fe, mencionados hacia el final de la última sesión. Enfatiza de nuevo la importancia de la diversidad. Si es posible utiliza ilustraciones de autobiografías o testimonios que representen los patrones citados.

iii. Deja que se separe cada uno para estar a solas con un trozo de papel y un bolígrafo, e invítales a que anoten los elementos principales de su viaje de fe. Quince o veinte minutos deberían bastar para esto.

iv. A su regreso divídelos en grupos pequeños y deja que cada uno tenga la oportunidad de compartir su fe con el grupo. Al final de esto deja que cada grupo designe a una persona de su grupo para compartir su historia con toda la comunidad.

v. Toma tiempo para que cada persona seleccionada de cada grupo comparta su historia de nuevo con todo el cuerpo. Esto puede ser un tiempo muy emocional por lo que el líder debe estar listo para controlar la situación con sensibilidad.

vi. Debatir juntos el seguimiento. Puede que quieras que alguien comparta su historia con toda la congregación el domingo siguiente en el culto habitual. Puede que quieras comenzar unas reuniones mensuales donde compartir la fe sea algo central. Puede que quieras fijar un grupo de compromiso donde los miembros den cuenta de sus propias experiencias al compartir la fe con otros. Esta última opción puede ser extraordinariamente efectiva. Yo rogaría al grupo que meditase sobre esto y lo desarrollara con osadía. Puede que también quieras organizar otro taller, esta vez centrado en compartir el contenido del evangelio con otros.

vii. Termina cantando y orando.

Apéndice 2

¿CÓMO PUEDO LLEVAR A ALGUIEN A JESUCRISTO?

Nuestra preparación para la evangelización será siempre incompleta si falla en la preparación de la gente para llevar a otros a un compromiso personal con Jesucristo como Señor y Salvador. Cada cristiano debe ser capaz de llevar a un individuo interesado por los pasos básicos que le capaciten para poner su confianza en Cristo, para el perdón y la salvación.

Toma nota de que esto es sólo un elemento en el ministerio de la evangelización.

Mucha gente a quien llevamos el evangelio e invitatamos al Reino no están listos para adquirir un compromiso. Necesitamos hablar con ellos, compartir con ellos, escucharles, prestarles buena literatura, animarles a buscar a Dios, contestar sus preguntas cuando podamos, etc. Llegar a Cristo es generalmente un proceso, por lo que necesitamos dar tiempo a la gente para comprender y trabajar estas cosas. Es más, después de que la gente viene a Cristo, nuestra obra evangelística no está completa hasta que estén firmemente fundamentados en el Reino de Dios.

Es útil pensar en todo el proceso como una clase escala que se extiende desde la incredulidad hasta el compromiso total.

Hostilidad - Interés - Intelectual - Conversión - Membresía
Incredulidad - Atracción - Asentimiento - en el Reino

A la luz de esto, el éxito en la evangelización debe ser medido no por el número de personas a las que llevamos a Cristo sino por nuestra habilidad para ayudar a las personas a avanzar en su recorrido desde la incredulidad hasta la creencia. Por ello es un gran logro si hemos conseguido, por ejemplo, que un incrédulo hostil y dolorido considere seriamente la posibilidad de que el cristianismo puede ser real o que Dios realmente le ama como individuo. Una vez que pensamos en la evangelización de este modo, quedamos liberados de la ansiedad y la impaciencia en nuestros contactos personales con otros.

Al examinar este proceso, es importante observar que la gente madura llega al punto en el que es vital presentarles el desafío del compromiso personal. Wesley sugirió esto mismo cuando dividió a la gente en varios grupos que se compenetraban en la vida real. Entonces, hablaba de la persona natural que es indiferente y está muerta a las cosas de Dios. Puede que crean en Dios pero no les importa nada su salvación. Luego identificaba a la persona religiosa. Ésta es alguien consciente del pecado y lleva el tema de su presentación ante Dios muy seriamente, pero intenta ponerse a bien con Dios por medio de una serie de actos morales y religiosos. Luego está la persona inquieta. Es la persona que es consciente del pecado, pero desespera del perdón y la salvación.

Es esta persona la que claramente está más madura para ser desafiada por las buenas nuevas, digamos, de salvación y seguridad. A la luz de todo esto, sería inútil e insensible avanzar y hacer un llamamiento para el compromiso con Cristo sin atender a las diferencias en estas situaciones.

Al final llega el momento, no obstante, cuando debemos estar listos para llevar a alguien a Cristo. Si no somos capaces de hacer esto adecuadamente, finalmente, fallaremos en nuestras intenciones. Recuerdo vívidamente una situación pastoral que ilustra esto. Había visitado a un anciano viudo durante meses y no había llegado a ninguna parte ni en compartir el evangelio ni en hablar con él sobre Cristo. Entonces, una tarde llegué a mi visita pastoral para ser recibido con entusiasmo. Rápidamente descubrí que él mismo había encontrado a Cristo. Lo que había ocurrido fue lo que sigue:

Una joven cercana se había hecho amiga de este hombre tras la muerte de su esposa. Cada día le preparaba su comida y se la traía sin queja. Cuando esto, en lugar de parar, continuó mes tras mes, él no pudo aguantarlo más. Insistió en que ella le dijese el secreto de su amor, y cuando ella le dijo que era debido a que era cristiana, él insistió en ir al Cristo que había inspirado esta amabilidad. Afortunadamente, la mujer fue capaz de instruirlo allí mismo, y, es más, fue capaz de llevarle a Cristo sin aspavientos o vergüenza.

No hay una forma absolutamente correcta ni incorrecta para realizar hacer esto. Lo qie sigue es una forma de tratar este asunto.

1. Prepara un lugar donde puedas tener intimidad para hablar con la persona que quiere venir a Cristo. Comienza en privado con una oración sencilla pidiendo la ayuda de Dios.
2. Da confianza a la persona. Sé natural y familiar al hablar.
3. Asegúrate de que la persona realmente quiere llegar a ser cristiana. Busca seriedad y convicción en este punto. La simple curiosidad sobre la posibilidad de llegar a ser un cristiano no es suficiente a este respecto. Si es necesario, pregunta directamente si la persona quiere recibir a Cristo como su Salvador y seguirle como Señor.
4. Asegúrate de que la persona comprende el contenido del evangelio. Elabora en tu mente un resumen claro de las realidades fundamentales del pecado, la obra de Cristo en la cruz para nuestra salvación, la necesidad de arrepentimiento, el precio del discipulado. Deja claro que la entrada al Reino es un asunto con muchas facetas, que implicará cambios en la línea de lo esquematizado en las seis dimensiones de iniciación.
5. Nunca fuerces una decisión, aunque haya lugar para la exhortación y el ánimo. Confía en el Espíritu Santo para llevar el evangelio y revelar su relevancia y veracidad al individuo.
6. Cuando la persona esté lista para decir «sí», sugiere orar por el perdón de sus pecados, que verbalmente invite a Cristo a ser su Salvador y Señor, y a que se rinda a Cristo.

No tengas temor de arrodillarte para hacer esto, y asegúrate de que la oración es fuerte y clara.

Cuando la persona sea reservada y reticente a orar con sus propias palabras, no dudes en hacer una breve oración, que sea repetida frase por frase. La siguiente es una posibilidad: «Señor Dios Todopoderoso, confieso que soy un pecador, que merezco sólo tu juicio. Te doy gracias por ofrecerme un Salvador en Jesucristo, tu Hijo. Aquí y ahora reconozco mi necesidad de Él. Me arrepiento de todos mis pecados y le recibo como mi Salvador personal y Señor. Te doy gracias por invitarme a entrar en tu Reino y me entrego sin reservas para vivir bajo tu reinado sobre la tierra. Ayúdame de aquí en adelante. Amén».

7. Ora con el nuevo convertido, encomendándole a Dios y a su misericordia.

8. Aborda inmediatamente el asunto de la seguridad. Los conversos invariablemente buscan que sus sentimientos cambien en la conversión. Evita esta posibilidad haciendo que se aplique una de las grandes promesas o afirmaciones del evangelio. Utiliza Juan 3:36, por ejemplo. O usa Romanos 10: 9-13. Deja absolutamente claro que el pasaje es aplicable a lo que ellos acaban de hacer. Explica que sus sentimientos no entran en cuestión y que el Espíritu Santo en el tiempo de Dios les dará un testimonio interior y adicional de su posición delante de Dios.

9. Sugiere que el nuevo converso comparta lo ocurrido con otra persona que se alegrará de escuchar las noticias. Pueden hacer esto por medio de una conversación personal cara a cara, por teléfono, por carta, o como fuere.

10. Ya habrás explicado que aceptar a Cristo como Salvador y Señor es parte de un proceso que incluye bautismo y confirmación, instrucción en el credo, aprender a ministrar en el cuerpo, y etc. Ahora lleva a la persona ese proceso y asegúrate de que su iniciación al Reino sea genuina y no superficial.

Apéndice 3

ESTABLECIMIENTO DEL CATECUMENADO

Una parte crucial de nuestra obra de evangelización es el proceso por el cual el nuevo creyente es fundamentado en las bases de la vida cristiana en el reino de Dios. A mi juicio, esto debería ser considerado cparte integral de la evangelización, más que algo añadido a la evangelización. Esta es un área donde la iglesia en general es extremadamente débil por lo que puede costar una generación el poner las cosas en su sitio.

Es muy importante andar con paciencia y prudencia en esta área. Algunas congregaciones pueden no estar listas para llevar a cabo esto. No hace ningún bien ir hacia adelante sin el apoyo y el respaldo de la congregación local. Inicialmente puede ser mejor proceder con voluntarios. La razón de esto es que muchos cristianos nunca han sido instruidos adecuadamente en las seis dimensiones que identificamos como esenciales para la iniciación seria al reino de Dios. Muchos miembros actuales se beneficiarían enormemente del proceso que los llevaría a través de un curso designado para aquellos que entran al catecumenado. El sueño ideal sería que toda la congregación decidiese pasar por este proceso y que entonces se decidiese que todos los nuevos miembros entraran a la iglesia uniéndose inicialmente al catecumenado.

Originalmente el catecumenado era el proceso por el que los nuevos cristianos pasaban, para así poder participar plenamente en la vida de la congregación cristiana local. A veces costaba completarlo hasta dos años. Alcanzaba su cima en el culto de bautismo que ocurría el domingo de Pascua. Las razones de que esto se desarrollase así eran varias, pero el tema fundamental era la necesidad de que los cristianos que habían salido del paganismo fuesen instruidos en los fundamentos de la fe. Después de que el cristianismo llegase a ser la religión establecida en el imperio romano, la presión para atenerse a los métodos rápidos y sencillos vino a ser tan grande que el proceso finalmente sufrió una erosión sin remedio. En un sentido es imposible restaurar la forma exacta del catecumenado que fue originalmente desarrollado. Pero no es esto lo importante. Lo que está en juego es nuestra seriedad sobre la instrucción de las personas en la fe cristiana. Nuestra estrategia actual es informal y desastrosa. Hemos alcanzado el punto pasmoso en el que el cristianismo de la iglesia de Occidente es intelectualmente insubstancial y espiritualmente superficial. Apenas estamos en posición de evangelizar la cultura debido a la ignorancia que abunda en nuestro medio. Algún día esto va a tener que ser encarado si queremos conseguir el potencial que existe en la evangelización.

1. *¿Cómo debemos proceder?*
   Sería útil comenzar por revisar nuestras formas actuales de llevar a la gente a la membresía de la iglesia. Deja que un grupo de la iglesia se siente y especifique lo que conlleva llegar a ser un miembro de su congregación local.
   Examina lo que ocurre en la práctica del bautismo. ¿Es un sacramento genuino de entrada a la iglesia? ¿Se le permite degenerar a un asunto privado, informal, familiar, divorciado de la Iglesia y del Reino de Dios? ¿Se hace deprisa y corriendo en pocos minutos el domingo por la mañana? ¿Reconoce la congregación sus propias responsabilidades junto con los padres en el cuidado espiritual del niño?
   Entonces observa la confirmación o su equivalente. ¿Se les da la libertad a aquellos que se confirman de no unirse a la iglesia? Si se unen, ¿conocen la fe en la que han sido bautizados? ¿Es la confirmación una especie de rito de despedida de la congregación local porque los confirmandos de confirmación ya no vuelven?

¿Qué es lo que se hace con los miembros trasladados de otras congregaciones? ¿Es el proceso de transferencia un tema meramente formal, y no se hacen preguntas sobre la fe y el compromiso personal? ¿Se les da a aquellos transferidos una bienvenida genuina al cuerpo? ¿Se les da la oportunidad de compartir en el ministerio general de la iglesia? ¿Qué les ocurre a aquellos que se unen a la iglesia desde el mundo? ¿Se les da la oportunidad de comprender lo que están haciendo? ¿Son instruidos en el evangelio? ¿Son recibidos con alegría en el cuerpo?

Tenemos que comenzar desde donde estamos, por lo que debes hacer un repaso detallado de lo que involucra el ser introducido en la membresía de tu iglesia local. Haz esto sin juzgar a nadie, ni la situación actual. Sé afectuoso y realista. Haz una evaluación seria, determinando lo mejor que puedas hasta qué punto los diversos grupos que entran a la iglesia por medio del bautismo, la confirmación, la transferencia, etc., tienen una oportunidad genuina de ser fundamentados en el Reino de Dios. Pregunta dónde y hasta qué punto las 6 dimensiones de iniciación son cubiertas en la situación actual. Sospecho que encontrarás que hay necesidad de establecer un curso de catecumenado que hará un trabajo correctivo entre los actuales miembros, y proporcionará una clase preparatoria útil para los nuevos miembros.

2. *¿Cómo sería el curso de catecumenado?*

Puedo prever un curso que dure hasta seis meses. Incluiría unas sesiones de aprendizaje tradicionales, retiros, talleres, y cualquier otra estrategia innovadora que pudiese ser útil en la cimentación de las personas en el Reino de Dios.

Podría comenzar con un rito de entrada. En éste, aquellos que están interesados harían un pacto para buscar la venida del Reino de Dios a sus vidas. Esto sería un tiempo de gozo y de compromiso inicial.

Después le seguiría una serie de clases con una variedad de temas. Aquí vemos algunas posibilidades.

Sesión i.	La Venida del Reino de Dios
Sesión ii.	La inauguración del Reino en Jesucristo.
Sesión iii.	La entrada en el Reino de Dios
Sesión iv.	La conversión.
Sesión v.	Bautismo y Confirmación.
Sesión vi.	La Regla de Fe: El Credo Niceno
Sesión vii.	La Regla de Vida: El Gran Mandamiento
Sesión viii.	La obra del Espíritu Santo en el Ministerio.
Sesión ix.	Disciplinas espirituales.
Sesión x.	Revisión y resumen.

Relacionado con estas sesiones habría un número de retiros y talleres designados para introducir al catecúmeno en el lado práctico y experimental del temario cubierto en las sesiones de enseñanza. Debe prestarse particular atención a la obra del Espíritu Santo y a las disciplinas espirituales. Sería de utilidad que el catecúmeno identificase los dones y talentos que desea utilizar en el cuerpo; y sería de igual importancia comenzar a utilizar las disciplinas espirituales centrales. Puede ser de extrema utilidad incluir la participación en el Camino a Emaús como una parte esencial en toda la experiencia. Detalles de esto pueden ser obtenidos de la Home Mission Division o del Rev. Howard Mellor en Cliff College.

El clímax de toda la experiencia sería un culto de compromiso, utilizando el Culto del Pacto Metodista clásico como liturgia apropiada. Probablemente se necesitaría una sesión especial con anterioridad, dedicada a la preparación del culto.

El culto mismo debería ser una ocasión festiva. Se debe fijar un momento para la imposición de manos y para otros ritos que se consideren útiles. También debe encontrarse un lugar para entregar una Biblia, una copia del Credo Niceno, una copia de las Reglas Generales de las Sociedades Metodistas, una copia de algunos sermones de John Wesley (Albert Outler, ed., *John Wesley* (New York: Oxford University Press, 1964) sería un buen regalo), y un certificado de Membresía de la iglesia metodista local.

3. *Comentarios finales*

i. Para aquellos que entran al catecumenado es valioso tener padrinos. Su papel es el de ser amigo y animador de aquellos que pasan por el proceso.

ii. Sería de mucha ayuda si pudieses hacer uso de líderes espirituales de la propia congregación para guiar a individuos a una práctica regular de las disciplinas espirituales. Los líderes espirituales no necesitan ser gigantes espirituales o expertos, es suficiente con que puedan de modo claro y amistoso introducir al principiante en los medios básicos de gracia.

iii. Es posible poner en funcionamiento la institución del catecumenado, inicialmente, con voluntarios. Simplemente desarrolla todo el curso esquematizado arriba como un ofrecimiento regular en la iglesia. Con el tiempo se pueden tomar decisiones en cuanto a la dirección que se debe seguir a prtir de ahí.

iv. No te sorprendas si hay resistencia en algunos sectores. Prepárate para tratar con objeciones y obstáculos. Se necesitará un liderazgo fuerte para llevar a cabo esta clase de proyecto hasta su término.

v. Toma nota de que el catecumenado tal como se enfoca aquí tendría su comienzo y fin definido. No tiene la intención de ser un sustituto del cuidado y educación continuos que los cristianos necesitan durante toda su vida.

Apéndice 4

MISCELÁNEA DE SUGERENCIAS

1. Desarrolla una pequeña biblioteca de libros que estarán disponibles en la iglesia sobre el tema de la evangelización. En ocasiones apropiadas haz que alguien dé un breve informe sobre el material que ha sido de utilidad. La pereza intelectual y la indiferencia pueden matar la evangelización; explora las formas de promover la reflexión estimulante sobre la evangelización.

2. Mucha gente tiene fuertes emociones sobre la evangelización. La evangelización tiene una mala prensa en nuestra cultura y en nuestra iglesia. La gente ha sido herida en anteriores experiencias de evangelización. Nombra un grupo para que desarrolle formas de ayudar a la iglesia a afrontar sus experiencias negativas y alcanzar a un sentimiento positivo hacia la evangelización.

3. Entra en contacto con Wycliffe Bible translators, Home Mission Division o cualquier otro grupo parecido para que ayude a la iglesia a identificar a un grupo de gente que nunca han oído hablar de Jesucristo. Explora lo que tu iglesia local puede hacer para llevarles el evangelio.

4. Encarga a un grupo que, a través del contenido del libro de Hechos, examine la actividad evangelística descrita por Lucas. Encuentra el modo de compartir sus descubrimientos con toda la iglesia.

5. Pide a alguien que dé una charla en tu iglesia sobre la vida y obra de E. Stanley Jones, Samuel Chadwick o William Sangster como evangelistas. Explora las posibilidades de encontrar a otros oradores para cubrir las vidas de otros evangelistas, especialmente dentro de la tradición wesleyana.

6. Reúne un grupo de trabajo para que identifique los distintos grupos que están dentro del alcance de tu iglesia. Pídeles que propongan algunos medios específicos en los que estos grupos puedan ser alcanzados con el evangelio.

7. Fija un grupo que examine los patrones de crecimiento y declive en tu iglesia al cabo de los años. Toda la información que necesites reunir está identificada en Bob Waymire y C. Peter Wagner, *The Church Growth Survey Book*. Este puede ser obtenido de la Global Church Growth, Overseas Crusades, 25 Corning Avenue, Milpitas, CA 95035. Disponible por medio del Cliff College Bookshop, precio según peticiones.

8. Peograma una breve campaña de predicación en tu iglesia.